Shall I compare thee to a summer's day?
Thou art more lovely and more temperate:
Rough winds do shake the darling buds of May,
And summer's lease hath all too short a date;
Sometime too hot the eye of heaven shines,
And often is his gold complexion dimm'd;
And every fair from fair sometime declines,
By chance or nature's changing course untrimm'd;
But thy eternal summer shall not fade,
Nor lose possession of that fair thou ow'st;
Nor shall death brag thou wander'st in his shade,
When in eternal lines to time thou grow'st:
So long as men can breathe or eyes can see,
So long lives this, and this gives life to thee.

—— *Sonnet 18* By William Shakespeare

图书在版编目（CIP）数据

英国旅本 / 李慧婷著；番外编辑部编. — 广州：广东旅游出版社，2023.5
ISBN 978-7-5570-2289-1

Ⅰ. ①英… Ⅱ. ①李… ②番… Ⅲ. ①旅游指南 - 英国 Ⅳ. ①K956.19

中国版本图书馆CIP数据核字(2020)第131525号

番外·旅本
总 策 划：刘志松
策划编辑：蔡　璇
责任编辑：贾小娇　童　倩
摄　　影：杰米·林赛
手绘插画：王欣荧
装帧设计：邓晓童
责任技编：冼志良
责任校对：李瑞苑
* 本书手绘地图仅用于景点示意

英国旅本
Yingguo Lüben
广东旅游出版社出版发行
（广州市荔湾区沙面北街71号首、二层）
电话：020-87347732（总编室）　020-87348887（销售热线）
深圳市希望印务有限公司印刷
（深圳市龙岗区坪地街道怡心社区吉祥二路13号厂房B栋）
787毫米 × 1092毫米 32开 6印张　55千字
2023年5月第1版　2023年5月第1次印刷
定价：49.80元
版权所有 侵权必究
本书如果有错页倒装等质量问题，请直接与印刷厂联系换书

英国旅本

李慧婷 / 著

番外编辑部 / 编

【英】杰米·林赛 / 摄影

广东旅游出版社
中国·广州

番外·小引 / 雕刻旅行时光

人生是一部大书，日常生活则是正文。

仅仅沉溺于执着于生活正文的进退兴废，跌宕起伏，生活职业化，算不上丰盛人生。

正文之外，还有番外。

旅行，算是人生番外的一种，生活的他方。

因此，圣·奥古斯丁在其蜚声于世的人生总结《忏悔录》中说："世界这本书，不旅行的人只看到其中的一页。"

的确，仰观宇宙之大，俯察品类之盛，乐山乐水，游目骋怀，旅行，穿越人山人海，翻越世界很多面，足以拓宽人生的宽度。

但是，并非理所当然地一定能延展生命的长度和提升生命的纯度。

旅行有如读书，虽万卷阅遍然不知"破"，亦囫囵吞下仙人果，不解其味，二师兄是也。

旅行不二，不能走马观花，浮光掠影，换个地方吃饭，换个城市走路，上车睡觉，停车撒尿，下车拍照，回来啥也不知道。

今天，国人已经告别了赶鸭子上架的打卡时代，旅行升级到了3.0，目的地从省内到国内再到国外；装备从walkman到iPad，从数码相机到单反；方式从跟团游、半自助到全自助……

越来越多的人在追求有价值的旅行。

但生活正文之外，要真正写好旅行番外这篇文章，做好罗杰斯所说的人生最有价值的投资，如卡尔维诺所说"为了回到你的过去或找寻你的未来而旅行"，升级还远远不够，还需要改变更多。

因为，说到底，所有人的旅行，从本质上说，都是想通过空间的位移来赋予时间新的意思，把时间活成更好的时光，让时间散发

出日常生活之外诗意的光芒和别处的智慧。

他不可辜负。

他需要优游,需要深入其里,反复求索和玩味,方得其中三昧和味外之旨,从悦目、悦心到悦神。"星河尽涵泳,俯仰迷不上",真正的旅行者都是涵泳者。

他需要踏着下雪的北京,品尝夜的巴黎,拥抱热情的塔希提,湄公河上有邂逅……

他需要搜集地图上的每一次风和日丽,用心挑选和寄出纪念品,路过纽约地铁里湿漉漉的表情,错过布拉格广场上最后一趟班车,见证世界上最危险的厕所和最美丽的天空……

他需要一段午后的时光、雨中的跫声、一次森林的迷失、青草更青处的漫朔……

他需要一本书、一支笔、一页纸、一杯摩卡,他需要揣摩、吟咏、记录、描绘……

没错,他需要路上有谦卑,"keep hungry, keep foolish"。

而这,就是我们所提倡的,所致求的,就是我们的"番外"精神。

番外,是我们致力打造的一个旅行品牌,只为最有价值的旅行而生。今天,当你读到这段话时,事实上,已经进入了我们的番外·旅本。番外·旅本,是一种图书和笔记本融合的跨界产品,既是一种精雕细刻的价值读物,也是一种用以记绘可以反复使用的环保记事本。总之,它是一种可以改变旅行态度和旅行方式的文创产品,提倡从脚下旅行、眼睛旅行、相机旅行到笔下旅行、走心旅行、创新旅行("试图用能给世界一些新意的眼光来看世界"——凯鲁亚克),打造属于自己旅游传承的博物馆。

番外·旅本,雕刻旅行时光,不辜负每段旅程。

时间因雕刻而精致,岁月因记录而传承。

番外·旅本,欲承载人生更多的热爱和梦想。

这,真需要你我一同来完成。

刘志松

目录
Contents

英国。博物馆

关于英国的前世今生 / 2

这里是英国 / 6

王室探索之旅 / 7
探索足球文化，来一场英超朝圣之旅 / 12
从威士忌中读懂北爱尔兰人的灵魂 / 17
穿着格子裙去苏格兰高地运动会 / 21
坐斯诺登蒸汽小火车穿云过雾到山顶 / 26
爬哈德良长城，重温罗马帝国占领大不列颠的历史 / 30

英国旅行Top 20 / 34

英格兰篇 / 35
巨石阵的千年奥秘 / 36
在英格兰，与这些教堂来场"心灵感应" / 40
唐顿庄园中的英式下午茶 / 46
走进康桥 / 50
彼得兔的故事 / 54
不列颠的尽头，英国人的度假天堂 / 58

苏格兰篇 / 61
永生难忘的爱丁堡皇家军乐节 / 62
荷里路德宫和爱丁堡城堡：女王在苏格兰的家与要塞 / 66
世界最美海滨公路NC500，自驾者的福音 / 70
福斯桥，苏格兰人的骄傲 / 76
把"苏格兰高地陶瓷"炻器带回家 / 79
在地球尽头的岛屿看老爷爷编织哈里斯粗花呢 / 82
走进现代苏格兰：一窥充满魔幻色彩的马头形雕塑 / 87

威尔士篇 / 89
迷失在世界上第一个书国——海伊小镇 / 90
布莱肯比肯斯国家公园，美妙星空下的"水帘洞" / 93
波特梅里恩村，威尔士的世外桃源 / 98
卡那封城堡，"威尔士亲王"受封之地 / 102

北爱尔兰篇 / 105
仙境中的魔幻"黑暗树篱" / 106
巨人之路，震撼人心 / 110
体验卡里克空中索桥，跨越6000万年的火山口 / 114

资讯。微焦镜

美食记 / 120

绅士的食单：黑暗料理？NO NO！这里从来都不是美食荒漠 / 121
伦敦美食地图 / 125
英国超市寻宝 / 128

伦敦购物指南 / 130

实用信息 / 136

出行清单 / 137
实用App / 138
文化小常识 / 139
想体验英伦风无奈囊中羞涩？别错过成为
国民信托组织成员的机会！/ 140
在路上 / 144

城市。丈量指南

伦敦 / 148
巴斯 / 156
牛津 / 160
利物浦 / 164
斯特拉特福小镇 / 169
约克 / 173
格拉斯哥 / 177
贝尔法斯特 / 180

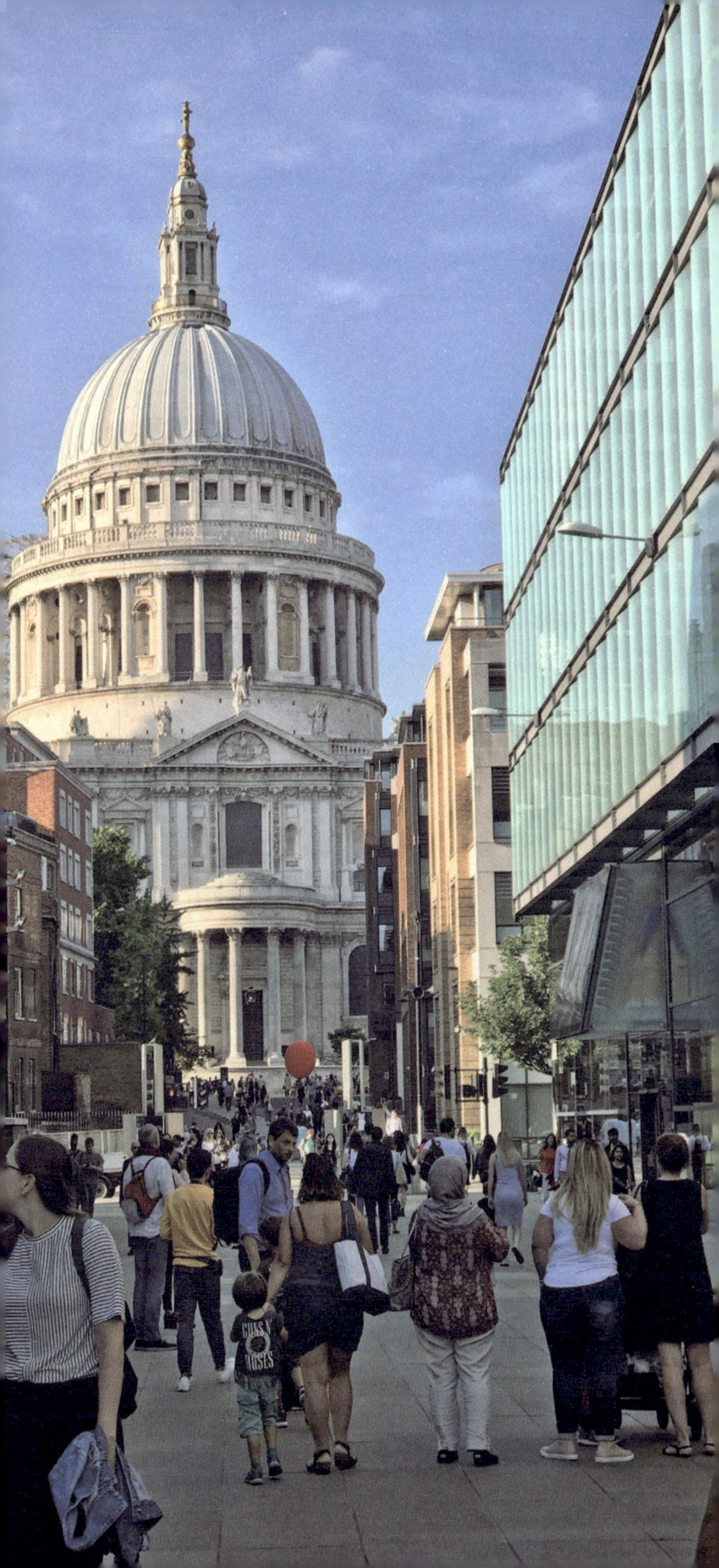

英国
博物馆

关于英国的前世今生

走进一个国家最好的办法,是了解它的历史和文化。光是英国如何从边陲小国成为日不落帝国,再到如今的绅士国度,就值得说上三天三夜。

英国本土位于欧洲边缘,面积相当于一个广西,全称为"大不列颠及北爱尔兰联合王国",由英格兰、苏格兰、威尔士、北爱尔兰组成。有不少人觉得奇怪:既然已经组成联合王国,为何在世界杯上,却只见英格兰队、苏格兰队、威尔士队和北爱尔兰队,独独不见英国队?这一独特现象的背后,藏着有趣又深刻的历史原因。

关于英国人的故事,不妨从来自今天的德国南部、捷克以及奥地利的凯尔特人开始说起。"Britain"一词,就源于凯尔特人在英国的分支"Briton"(不列吞人),他们是英国早期的原住民。平静的日子没过多久,在公元1世纪,罗马人跨过英吉利海峡,入侵大不列颠岛南部,把凯尔特人赶到北方。不服气的凯尔特人因此经常南下侵扰罗马军团,不胜其烦的罗马皇帝为了挡住来自北方的骚扰,修建了一段著名的百里长城——哈德良长城,而这一段长城也成为分隔英格兰与苏格兰的依据。

到了公元5世纪，罗马帝国摇摇欲坠，凯尔特人好不容易送走了罗马人，没想到却迎来又一大魔王——日耳曼人。日耳曼人把凯尔特人赶到不列颠岛的北部、西部和爱尔兰岛，自己则在英格兰生存扎根，经过民族融合，形成了今天英格兰人的祖先盎格鲁-撒克逊人。而"England"一词，原义即"盎格鲁人的土地"。

11世纪初，法国的诺曼人入侵英国，自此以后很多英格兰的国王均为法国人。经过几百年的民族融合，最终分成了以日耳曼人后裔为主的英格兰王国，以及以凯尔特人后裔为主的苏格兰王国、威尔士公国和爱尔兰王国。

四兄弟的爱恨情仇到了16世纪算是有了圆满的结局（至少在大多数人看来确实如此）。1536年，英王室先与威尔士签订《联合法案》（Act of Union）；17世纪，苏格兰国王詹姆士六世继承了英格兰王位，成为苏格兰和英格兰共同的国王，这两个王国合并为一个王国。到了19世

纪，爱尔兰也通过《联合法案》成为英国的一部分。在1921年，爱尔兰南部脱离英国独立，北爱尔兰则继续留在联合王国里，现代英国从此形成。

1066年是英国王室历史上一个值得关注的年份。法国诺曼底的领主威廉一世在这一年完成了历史上著名的"诺曼征服"，成功接管了英格兰，现代英国皇室的历史从此开始。自此王室血统从未中断。但按照比例，主要血统来源又有很大的差异。英国王室依次经历了王权开始的诺曼底王朝，玫瑰战争和英法百年战争的金雀花王朝，大刀阔斧地进行文艺复兴与宗教改革的都铎王朝，发生了光荣革命的斯图亚特王朝；在接下来的汉诺威王朝时期，英国最早实现工业革命，并通过不断开拓海外贸易和殖民地，成为了称霸世界的日不落帝国。接棒汉诺威王朝的是温莎王朝，我们最熟悉的伊丽莎白二世女王就来自温莎王室。温莎王朝经历了两次世界大战和日不落帝国的瓦解，20世纪时，大部分英殖民地均已独立。至今，英联邦仍有56个成员国和24亿人口，占世界总人口的三分之一。

300多年来，与世界各国贸易往来的经历对英国人的思维与生活方式产生了巨大的影响。光是喝茶文化便可见一斑。英国人的喝茶习惯主要来自印度、斯里兰卡和中国。而喝茶时习惯加糖则起源于英国在加勒比海地区的殖民地。

在今天，褪去"日不落帝国"光环的英国迷人又可爱。跟复杂的历史相匹配的是英国文化与自然风光的多样性，很少有哪个国家像它那般面积虽小却如此丰富多彩。无论是血液中流淌着"复古"的英格兰，拥有史诗般壮观景致的苏格兰高地，小众又独具特色的威尔士群山，抑或是神秘又让人捉摸不透的北爱尔兰风光，共同组成开放又幽默，浪漫又复古，优雅又帅气的大不列颠。

无数人曾沉醉在这个美好的英伦梦中，举世无双的文化符号更是让人欲罢不能。英国诞生了哈利·波特和他的魔法世界、叼着烟斗的福尔摩斯、歌颂爱情的罗密欧与茱丽叶。在英国，能做的事情实在太多：去触摸有着5000年历史的史前遗迹巨石阵；穿梭在中世纪的古堡中，像贵族那般享受正宗的英式下午茶；在白金汉宫前观看皇家卫队换岗仪式；探索足球文化，来一场英超朝圣之旅；在剑桥和牛津当一回学霸；在复古的红色电话亭和双层巴士前停留，拍一张充满英伦风的美照；欣赏穿着格子裙的苏格兰人，聆听悠扬的风笛声……

这是一次不会厌倦的发现之旅，正在阅读《英国旅本》的你，是时候亲身踏上这片迷人又神秘的绅士国度了。

这里是英国

王室探索之旅
Royal Family

要想来一场真正的英国王室探索之旅,白金汉宫和温莎城堡都是必要之选。无论是在全世界最大、最古老的有人居住的城堡里与身穿红色制服的卫兵拍合照,还是在富丽堂皇的皇宫内端详历代君主的收藏品,都会让人兴奋得直搓小手!

谁都知道白金汉宫（Buckingham Palace）是英国最负盛名的建筑，是世界五大名宫之一，然而它的历史却鲜为人知。白金汉宫最早的主人是白金汉公爵，之后它因豪华的建筑风格曾一度被用作帝国纪念堂、美术陈列馆等。与英国王室扯上关系则要等到1761年，当年英国国王乔治三世将府邸买下献给他深爱的妻子夏洛特，自此白金汉宫被称为"女王的家"。在历史上最有名的君主之一——维多利亚女王即位后，白金汉宫正式成为英国王室的府邸，女王本人也是第一个从白金汉宫前往加冕的君主，自此白金汉宫便取代圣詹姆斯宫成为历代君主在伦敦的行宫。

白金汉宫共有典礼厅、音乐厅、宴会厅、画廊等700多个房间，尽管只对外开放约20个房间，但已足够让人应接不暇，满足大家对英国王室的窥探欲。按着固定的线路，大家会在导览器的引导下穿梭在金碧辉煌的房间中，聆听关于白金汉宫的历史与历代君王的故事。

任何体验只要与"王室文化"相联系，总会格外吸引人们的目光，皇家卫队换岗仪式就是一个极好的例子。皇家卫队换岗仪式会在白金汉宫和温莎城堡举行，夏季（4月~7月）的换岗仪式开始时间一般为每天的上午11点，冬季（8月~次年3月）则每隔一天在上午11点进行。仪式时间会有微调，建议提前查询官网（https://www.householddivision.org.uk）。做好人潮涌动的准备，要是想拍出满意的照片，至少提前一个小时前往广场中央的纪念碑下高台阶处，那里视野开阔，体验感最佳。

从1070年"征服者威廉"在温莎建起了皇宫后，数不清的王朝更迭戏

码就在这里轮番上演。与白金汉宫相比,伊丽莎白二世女王生前似乎更喜欢温莎城堡,毕竟这里承载了她大部分童年回忆,除了办公时间,她的度假和周末时间经常选在温莎城堡度过。要是有一份城堡榜单,相信优秀的温莎城堡在任何方面都名列前茅,毕竟它可是全世界至今仍有人居住的城堡中最大、最古老的。

整座城堡分为上中下三区,东部为平坦的上区,包括宴会厅、玩偶室等游览亮点,中区是地势最高的由玫瑰花园簇拥的圆塔,西部则为地势较低的下区,位于下区的圣乔治教堂(St George's Chapel)是颁发嘉德勋章的地方,不仅是英国最出色的垂直式哥特风格的建筑典范之一,还是哈里王子和梅根举行王室婚礼的地方。

玛丽王后玩偶室（Queen Mary's Dolls' House）总能成功地让来客顿生大开眼界之感。这一非凡的玩具屋由埃德温·鲁琴斯爵士在1924年为乔治五世的妻子玛丽王后设计，是一座完美再现宫廷生活场景的微缩建筑，最显巧思的地方是埃德温对细节的再现——水管能流出水来，电力和照明一应俱全，里面的酒窖甚至还有陈年佳酿！

而国宾楼（State Apartments）的雍容华贵则无时无刻提醒着你正走在一座完全属于英国王室的宫殿里。无论是枝形吊灯下的华丽楼梯，还是挂着精美挂毯的洛可可风格的大接待厅，抑或是点缀着历任嘉德骑士团成员盾徽的圣乔治大厅，以及多个大厅里悬挂着皇室收藏的包括伦勃朗等人的艺术品，都令人感叹不已。

要是时间宽裕，到温莎公园去体验另一种皇家风情也是不错的选择。公园里面长长的绿荫大道通向温莎城堡，绿荫草坪，溪水小桥，是野餐散步的绝佳之地。

鼎鼎有名的伊顿公学（Eton College）就坐落在温莎小镇上，来探访温莎城堡时也不妨看看这所英国最顶尖、最神秘、最具有贵族气息的中学，从这里不仅出过19名首相，威廉和哈里王子、"小雀斑"埃迪·雷德梅恩、"抖森"汤姆·希德勒斯顿也都是伊顿公学的校友！

**探索足球文化，
来一场英超朝圣之旅**

Premier League

　　英国创造了现代足球的历史，而英格兰足球超级联赛（简称"英超"）被公认为世界上最好的联赛之一。英超由20支球队组成，其中最出名的"Big 6"又最受球迷追棒，他们分别是阿森纳、热刺、切尔西、曼联、曼城和利

物浦。前三支队伍来自伦敦，其余球队则来自曼彻斯特和利物浦。

  如果你是英超球迷，来英国旅行又怎么舍得错过如此难得的朝圣机会？要是能正好凑到时间且买到票感受比赛的气氛，自然是终生难忘的经历，哪怕做不到这些，亲临心爱球队的球场，在博物馆里重温球队的辉煌战绩，或在球迷酒吧跟当地的球迷一起拿起啤酒杯尽情呼喊释放，也将会为英国之行留下关于热血与激情的美好回忆。

伦敦

  作为阿森纳、热刺、切尔西球队的家乡，伦敦绝对是英超球迷不愿意错过的一站。

  位于伦敦富勒姆区的斯坦福桥球场（Stamford Bridge Stadium）建于1877年，是英国著名俱乐部切尔西的主场，自然是切尔西死忠的必到地。

酋长球场（Emirates Stadium）是阿森纳的主场，绝对称得上伦敦最现代化的新球场。除了举办足球比赛以外，酋长球场还用于举办高峰会谈和音乐会，同时还是英式橄榄球的比赛用地。

对于温布利球场（Wembley Stadium），球王贝利曾说："英国伦敦温布利球场是足球的教堂、足球的首都、足球的心脏。"这句话毫不夸张，毕竟从20世纪20年代开始，在英国的所有正式比赛的决赛，几乎都在温布利球场举行。在1966年，博比·摩尔就是在旧温布利球场从女王伊丽莎白二世手里接过雷米特杯，这是属于英格兰足球史上最辉煌的一刻，而他本人也曾感慨温布利球场是"足球场中的圣地麦加"。2002年，旧温布利已因设施老化被正式关闭，但2007年新温布利球场的诞生，仍然承载着球迷们的梦想，继续演绎足球赛的精彩。

足球的魅力不止于赛场，还延续到街头巷尾的酒吧里。在英超赛季期间来英国旅行，要是没能如愿买票看现场比赛，去感受伦敦球迷酒吧的氛围也是不错的选择。Walkabout Temple酒吧的屏幕非常多，几乎每一个角落都可以收看比赛，而且氛围极好。

如果是阿森纳球迷，推荐来The World's End酒吧，距离酋长球场仅几分钟步行路程，而且专注于服务阿森纳的球迷。切尔西球迷经常去的酒吧是The Durell Arms，那里的鸡尾酒和木桶啤酒值得一试。更开放自由的酒吧是Bar Kick，这里在赛季时总是挤满人，而且无论是哪队球迷都可以来看球。

曼彻斯特

在曼彻斯特感受"一城双雄"的足球魅力是其他城市无法比拟的。曼彻斯特坐拥"红魔"曼联队和"蓝月亮"曼城队,有着最多足球周边收藏的博物馆,走在街头上,到处能看到穿着印有两支球队logo球衣的球迷,这里是不折不扣的"足球之城"。

老特拉福德球场(Old Trafford)是英格兰第二大足球场,既是曼彻斯特最有名的景点之一,也是曼联队的主场。除了观看比赛,还可参加官方的一日游参观球场。球场旁边是曼联官方礼品店Megastore,自然也是球迷的必逛之地。

阿提哈德球场(Etihad Stadium)是曼城队的主场,曼城球迷可在官网上预订带语音导览的旅程,通过参观球场和更衣室,走近那支最心仪的队伍。

要想了解足球历史,国家足球博物馆(National Football Museum)是个不错的选择。在世界体育范围内,英国国家足球博物馆的收藏绝对是顶尖水准。除了有超过140年历史的足球运动服展示,还有不少镇馆之宝,如20世纪90年代的足球装备、史上第一届世界杯的比赛用杯、马拉多纳在"上帝之手"那场比赛中穿着的球衣……绝对能让足球爱好者一饱眼福。

在曼彻斯特,邂逅球星并不是空想!找个机会来红魔曼联的训练场特拉福德训练基地(Trafford Training Centre)吧,俱乐部的各队球员都在这里训练,没准还能看见偶像,喜获签名和合影!

利物浦

  利物浦有着不输曼彻斯特的足球热情,是欧洲足球文化最丰富的城市之一。利物浦球队的主场是安菲尔德球场(Anfield Stadium)。门上那句著名的"You will never walk alone(你永远不会独行)"相信会让球迷们想起那些令人感慨的足球往事。

从威士忌中读懂北爱尔兰人的灵魂

Whiskey

全球最著名的威士忌生产地在英格兰、爱尔兰、美国和加拿大。爱尔兰人爱将自己的威士忌戏称为"whiskey",这比一般的"whisky"多了一个"e",他们认为这代表着"excellent",对于威士忌,爱尔兰人还真有骄傲的本钱。到世界上最古老的威士忌酿酒厂去吧,去一窥爱尔兰威士忌那些不为人知的秘密,还能趁机当一个快乐的小酒鬼。

世界上最古老的威士忌酿酒厂，是北爱尔兰的老布什米尔斯酒厂（Old Bushmills Distillery）。之所以担得起"最古老的"这个形容词，是因为早在1608年，国王詹姆士一世向老布什米尔斯酒厂授予了经营许可，使它成为世界上最为古老的合法威士忌酿酒厂，至今已运营了400多年，在北爱尔兰可谓家喻户晓，也早已成为北爱尔兰历史与文化的一部分，北爱尔兰5镑纸币上就印有这家老酒厂的图片。

布什米尔斯威士忌为何能成为爱尔兰岛乃至英国最顶级的威士忌？答案还得从酿酒的工序中找。为了让品酒爱好者更好地了解威士忌，老布什米尔斯酒开设了"酿酒之旅"的参观路线，参观者能看到酒厂的标志性建筑——宝塔形大麦发芽塔、各种型号的麦芽浆桶、酿酒使用的原材料、铜质的蒸馏设备，以及装酒的木桶。在线路的最后，游人还可在酒厂中的1608年酒吧享用一杯醇正的爱尔兰威士忌。

数个世纪的传统工艺与酿造技术仍然被细致地保留，而流程中每一步迥异于其他酒厂的细微区别最终造就这款顶级的威士忌。

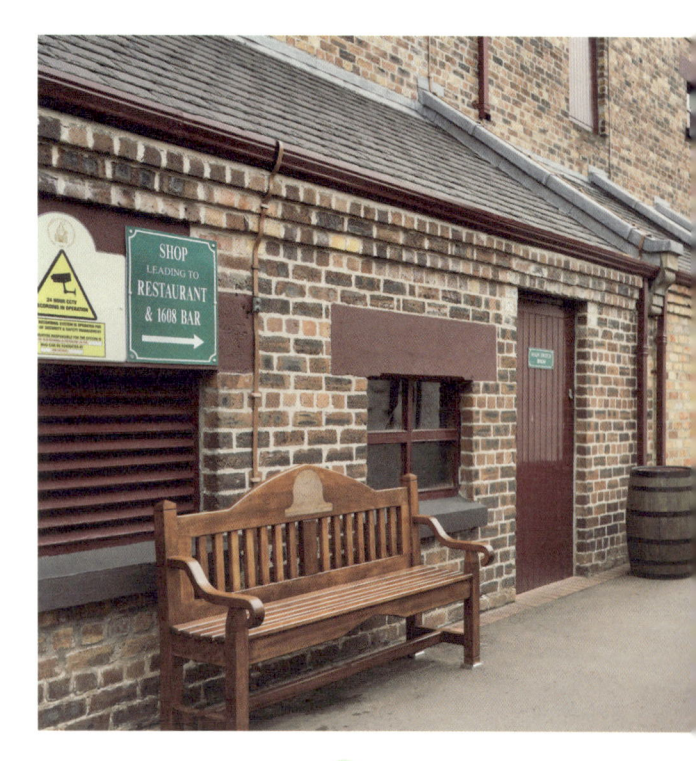

酿酒厂采用的主要原料是当地成熟的大麦，水源来自布什河里的天然纯净水。燃料是关键，苏格兰威士忌一般采用泥炭作为烘烤麦芽的燃料，而布什米尔斯威士忌的燃料则为本地丰饶的泥炭地燃煤，经过酒厂独特的三次蒸馏酿造技

术,再装入讲究的橡树木桶以增加酒的风味,这些巧妙的搭配使得"老布什米尔斯"这个名词早已超出高品质威士忌的定义,成为全球爱酒人士的怀旧情结。

哪怕对酒精不感冒,北爱尔兰首府贝尔法斯特最有名的酒吧——皇冠酒吧(Crown Liquor Saloon)也值得每一位旅游爱好者前来打卡。酒吧外部那精致的意大利瓷砖装饰、呼应主题的彩色玻璃窗、复杂的马赛克瓷砖、红色花岗岩制成的吧台、华丽的木制包厢隔间……会让人迷醉其中,仿佛回到古典华美的维多利亚时代。

哈里和梅根在大婚前曾访问贝尔法斯特,其中重要一站就是位于市中心的皇冠酒吧,可见酒吧的高知名度。当然更多时候这里会被当地人占满,不妨就着昏黄的灯光来一杯爱尔兰著名的威士忌或吉尼斯啤酒,在惬意不已的同时,你还能在这里一窥北爱尔兰的人生百态。

北爱尔兰人到底有多爱喝酒?这种爱喝酒的特性又如何影响北爱尔兰的文化?与北爱尔兰人打交道时,你会发现他们的英语口音卷舌特别多,听起来就好像喝多了一样。而漫步在北爱尔兰的街头,你又会发现公寓楼里各家大门的形状哪怕相似,但颜色绝对不一样,这还真不是因为北爱尔兰人偏爱多彩颜色,而是为了区分自己家和邻居家的门,以防止贪杯的酒鬼半夜三更回家时走错家门!难怪这些门的颜色大多偏向色彩鲜艳的亮红色、明黄色、海蓝色和草绿色了。没想到北爱尔兰人对酒的专情,意外地创造了这道独特的风景线。

穿着格子裙去苏格兰高地运动会
Highland Games

尽管都在大不列颠岛上，只有一字之差的苏格兰和英格兰却有着截然不同的文化气质。苏格兰人崇尚自然，从不过分追求物质享受，热衷于用悠扬的风笛声和漂亮的格子裙去展示他们的英雄本色。

想充分体验苏格兰的文化质感，最好的选择是造访苏格兰高地，除了能欣赏英国风光的魅力，还能观看最能展现苏格兰民族风情的高地运动会（Highland Games）。运动会综合了各类力量和武艺的比拼，试想着壮汉们穿着花花绿绿的苏格兰裙奋力掷链球抛大石，那画风实在是清奇脱俗。

高地运动会最早源于11世纪，每年的5月至9月，苏格兰的各个城镇都会举办自己的高地运动会，旨在传承苏格兰的古老传统和风

俗。最备受瞩目的运动会要数阿伯丁郡的布雷马集会（Braemar Gathering），这一运动会不仅规模大，还因为有皇室成员的参加而增加不少看点。

作为对苏格兰高地文化的传承，选手们必须穿着苏格兰短裙上阵，为原本充满雄性荷尔蒙的赛事增添了别样的魅力。苏格兰裙为苏格兰最富有特色的传统服饰，过去在打仗时，不同家族成员会穿着不同格子花呢图案的苏格兰裙，方便在混战时辨认敌我。苏格兰裙还体现了一段苏格兰人争取独立自由的历史。18世纪中期，英国汉诺威王朝曾对苏格兰下达"禁裙令"，坚持捍卫自己文化特色的苏格兰为此展开了长达30年的坚强斗争，最终迫使汉诺威王朝取消"禁裙令"。怪不得苏格兰人会把苏格兰裙子看作民族文化的象征。

在苏格兰高地运动会上，力量型的赛事看点十足，大部分都能让观众大开眼界。抛木桩（caber toss）绝对是其中最奇特的项目，据说起源于伐木工人把原木扔到另一边的动作。比赛时，选手们需要抓住一根长度近6米、重达80公斤

的木桩的尾端，冲刺一段距离后把木桩抛出，比赛成绩根据木桩落地后的垂直程度。木桩倒下的方向与选手相反分最高，若把木桩看作钟表上的时针，倾斜度为11:00和1:00的分数相同，而木桩倒向选手的分数则最低。

掷链球（hammer throw）这一项目则来源于中世纪苏格兰的铁匠和矿工们在闲暇时的娱乐活动。谁能把链球（最开始是铁锤）扔得最远，谁就能赢得比赛。苏格兰的这一项目甚至还直接影响了奥运会！在1889年的巴黎世博会上，现代奥运会创始人顾拜旦深深地被苏格兰高地运动会的项目吸引，随后在1900年的巴黎奥运会上，他还真把链球和铅球纳入奥运会的保留项目中。不过要一直等到2000年的悉尼奥运会，女子链球才真正被列入比赛项目。

　　苏格兰高地舞蹈比赛绝对是每次运动会的亮点。只见一个个漂亮的小姑娘盘着头发，穿着不同颜色的苏格兰格子裙，在评委面前

踢腿和转身，手臂还得注意时刻举着。舞蹈比赛有一个可爱的特色和讲究，小姑娘们在亮相和最后的致谢时，都要双手叉腰，向前鞠躬九十度，而脸则始终对着观众，要是没做到这点，可要丢掉不少分！

起着活跃运动会节奏作用的风笛乐队表演更是让人心潮澎湃，数以百计的风笛手和鼓手列队前进，共奏凯歌。只见乐手们穿着苏格兰服饰，腰间系着宽大的皮带，肩上挂着一张威风的格子斗篷，裙子下是长筒针织厚袜，整个队伍看起来整齐又养眼，观众们会忍不住鼓起热烈的掌声，将整个运动会推向高潮。

苏格兰人性格粗犷又友好善良，而他们独特的服饰文化与音乐文化，总能吸引来者沉醉在苏格兰文化的无穷韵味之中，久久不能自拔。

坐斯诺登蒸汽小火车穿云过雾到山顶

Steam Train

威尔士对于来英国旅行的游人来说，绝对是存在感最弱的部分，这也难怪，英国国旗米字旗上的正红十字代表英格兰，斜红十字代表北爱尔兰，蓝色部分代表苏格兰，唯独没有威尔士的一席之地。威尔士在不列颠岛上的面积只有两万多平方公里，还不到英格兰的六分之一，但如果你选择对它视而不见，那会错过不少奇怪又美妙的景致。

英国人的户外运动细胞仿佛比别的国家要旺盛不少，而威尔士又能慷慨地满足这一点。从20世纪90年代起，随着汽车性能的提高和高速公路的增多，本就热衷于户外运动的英国人又玩出新花样：在24小时之内，完成"三峰挑战"（Three Peak Challenge）！即在一天之内，算上路上开车的时间，爬完英伦三岛的三座最高峰——英格兰最高峰斯科费尔峰（Scafell Pike）、苏格兰最高峰本尼维斯峰（Ben Nevis）以及威尔士最高峰斯诺登峰（Snowdon）。由于这项挑战十分讲究策略和体力，要是能成功完成"三峰挑战"，绝对能让英国人对你刮目相看。

要是"三峰挑战"难度太高，威尔士的最高峰斯诺登山还是应该被计划到你的威尔士之旅中。对于登山者来说，海拔1085米、拥有绝美之境的斯诺登山几乎就是威尔士的全部。无论是壮观的瀑布、茂密的森林，还是无数散落在山脚之下的湖泊，以及山顶常年宛若仙境的云雾弥漫，都使得斯诺登山所在的斯诺登尼亚国家公园（Snowdonia National Park）成为英国人除湖区外最爱的胜地之一。

攀爬斯诺登山有两条线路，一条是潘尼帕斯线路（The Pen-y-Pass Track），适合勇敢的登山者；另一条是兰贝里斯线路（The Llanberis Path），适合想要惬意地坐着斯诺登蒸汽小火车穿云过雾到山顶的游客。

潘尼帕斯路线是最受欢迎的登山线路，位于斯诺登山的半山腰，那里的落脚点只有一处青年旅舍（YHA Snowdon Pen-y-Pass）。青年旅舍费用便宜，环境干净卫生，性价比高，还会遇见不少同样要去攀登斯诺登山的人。要是决定选择潘尼帕斯路线，记得提前预订房间。从青年旅舍到斯诺登顶峰，会经历一段单程长达4小时的"容易—稍难—困难"的爬山历程，幸好登山沿途那浑然天成的景色会一直给你打气。

要是拒绝流汗，你还能选择在兰贝里斯镇坐蒸汽火车上山顶。1869年，伦敦及西北地区铁路公司的主席理查德·穆恩爵士建议修筑一条通往斯诺登山顶的铁路，不料遭到当地

庄园主的强烈反对，工程被耽搁。在理查德·穆恩爵士的多方游说下，1894年，从兰贝里斯到斯诺登山顶的窄轨铁路终于破土动工，两年后，这条全长7.6公里的齿轮式铁路竣工。直到今天，已100多岁的蒸汽机车仍勤勤恳恳地迎送着想要亲历斯诺登山顶之壮美的来客。

位于斯诺登山顶的火车站还是英国海拔最高的火车站，难怪会吸引来自世界各地的火车迷们专程一睹斯诺登蒸汽小火车的"真容"。红白相间的蒸汽火车在水雾缭绕中从山涧穿行，不紧不慢地沿着山脊载着乘客往上爬。往返约两小时的行程还是会让你感叹时间过得飞快，悠闲地吃着草的牛羊会偶尔抬头望向车厢，层峦叠嶂的树林再加上波光粼粼的湖泊，让你不由得感慨古老的火山留下了这片令人叹为观止的地貌。而那慢悠悠地吐着白烟的蒸汽火车，在一望无际的草原下，已然是一幅让人一眼难忘的动人画卷。

要是选择坐火车下山，注意只能在山顶停留半小时，抓住人生中可能是最可贵的半小时吧，去远眺威尔士的独特风光，在云海中还自身以清净，别忘了在威尔士最高点邮筒里寄出一张独特的明信片！

爬哈德良长城，
重温罗马帝国占领大不列颠的历史

Hadrian's Wall

中国有雄伟壮观的万里长城，英国也有一段百里长城——哈德良长城（Hadrian's Wall），论规模虽不能与中国的相提并论，但英国人对它的敬畏与喜爱可一点不少。要是对罗马帝国占领大不列颠的历史感兴趣，来拜访这段跟万里长城带来截然不同观感的哈德良长城，才算是真正的不虚此行。

哈德良长城由罗马皇帝哈德良下令修建，从公元122年开始建造，前后花费14年时间。这位罗马皇帝之所以下令建造这条人工屏障，据说是为了防御北部苏格兰的皮克特人。人们习惯叫它"百里长城"，是因为它的全长只有120公里左右。哈德良长城始自英国东海岸的泰恩河口，一直至西海岸的索尔威湾，地跨英格兰和苏格兰两地，如腰带般触目地束在不列颠岛上，美剧《权力的游戏》

中"绝境长城"的原型正是哈德良长城。

如果早已看惯高不可攀的万里长城,等亲眼看到哈德良长城时,脑海中会浮现巨大的疑问:哈德良长城并非想象中那般建造在悬崖峭壁上,相反,即便是保存完好的长城段也不过1米多高,攀越过去远非难事,哈德良皇帝的用意何在?学界经过猜测和讨论,目前的结论倒有点耐人寻味:除了一般意义上的军事抵御用途外,哈德良皇帝更多是为了在这片土地上标注一个地界,告诉世人罗马军团无意挥师北进,扩展疆土。

要想完美感受哈德良长城这一世界文化遗产的古朴和雄壮,徒步是最好的方式。游人能一睹堡垒、塔楼,甚至还能看到长城以南修建的16座作为前哨基地的要塞。要是时间并不充裕,也记得一定要去参观保存最完好也最为壮观的罗马要塞——豪斯特斯要塞和博物馆(Housesteads Roman Fort & Museum)。

在豪斯特斯要塞的遗址范围内,至今还能清晰辨认四个城门、致敬罗马皇帝的庙宇、成排的军营、指挥官的居室,还有带通风装置的粮仓、马厩、浴室等,让人大呼惊喜的还有当时带抽水马桶的公共厕所,足以让人一窥2000年前国际军团的日常生活,设想它当年富丽繁华的生活景象。

文德兰达古罗马要塞和博物馆(Vindolanda Roman Fort & Museum)不仅体现了哈德良长城的相关历史,还更生动地展现了

当年驻守在这里的士兵及其家属、不同职业的人们与奴隶的聚居生活。

在文德兰达古罗马要塞，历史与考古得到最好的联系。这里不仅是一个博物馆，还是一个考古现场，要是足够幸运，我们甚至还能亲眼看到考古学家们组织学生与志愿者在特别划出来的考古区域进行挖掘，没准还能见证文物的发现！

文德兰达博物馆展陈文物的方式也让人赞叹。迈入博物馆的大门后往左走一步，你会以为自己看到一个Nike或Adidas的鞋子展示柜，只见上面整整齐齐地码着鞋子，像要供前来的人们挑选。这些鞋子可不一般，它们都来自遥远的古罗马时期！观众不仅能从上面欣赏到当年流行的人字拖，还能惊喜地发现俏丽的高跟鞋。除此以外，梳子、当时学生字迹潦草的笔记、家长送给孩子的字条和礼物，都会让观者感到一下子拉近了与2000多年前的古人的距离，而他们原本陌生的脸庞，也会突然变得清晰而可爱。

  摄影爱好者千万别错过摄影界和艺术界的宠儿"梧桐峡口"（Sycamore Gap）。它离豪斯特斯要塞三公里远，因一棵梧桐树生长在哈德良长城上的一小段凹陷处而形成一番奇妙的景象。这一地点最初因好莱坞大片《侠盗王子罗宾汉》在此取景而闻名遐迩，基于此，人们都爱亲切地叫那棵树为"罗宾汉树"。几十年来，数以百计的摄影师、画家都把它当作艺术表现对象，徒步旅行者们也总爱驻足此处，与梧桐树合影留念。曾有一位土耳其摄影师因拍下经典的"梧桐峡口"而在"2018年苹果手机全球摄影大赛"中获得大奖。在2016年，这棵梧桐树还获得"英国第一树"的殊荣，足见它在英国人民心中的特殊地位。

英国旅行Top20

英格兰篇

巨石阵的千年奥秘

No.1

　　史前石桌、太阳神庙、斯通亨治石栏、索尔兹伯里石环……任意一个名字都会引人无限遐想，而这些名词，实际上都指向同一个东西——位于英国威尔特郡索尔兹伯里平原上的巨石阵（Stonehenge）。巨石阵距今5000多年，是整个英国，乃至整个欧洲最神秘最引人注目的史前遗址，被誉为"中古世界七大奇迹之一"。1986年，它被收入世界文化遗产名录。

　　就一个景点而言，它实在很难讨得所有人的喜欢。不了解它的人如果仅因为巨石阵的名气而匆匆而来，往往会因为"不就是一堆石头嘛"的想法而失望而归。但要是热衷英国的古老文明，对巨石阵背后的未解之谜感兴趣，那么探索巨石阵绝对会成为英国之行的亮点。

巨石阵到底长什么样？它的名字已经直白地给出答案。"Stone"为石头，"Henge"则有"围栏"之意。游人的目之所及，确实是一圈又一圈巨石形成环状屹立在绿色的旷野上。几十块巨大的石柱排成几个完整的同心圆，最让人感到不可思议的是在巨石阵当中，还有重达几吨的巨石横架在两根竖起的石柱上。长期以来，巨石阵一直包裹在一堆未解之谜中："这些巨石的用途是什么？""几千年前人类没有起重机的帮忙，如何做到搬运，甚至搭起这些重达几十吨的石头？"

关于巨石阵的用途，学术界产生了不少有趣的猜想：不少人认为巨石阵是古天文台，因为石环和周围土环的排列关系，能精确指向太阳和月亮的12个方位，进而观测和推算日月星辰在不同季节的起落。除此以外，巨石阵的主轴线、通往石柱的古道和夏至日初升的太阳在同一条线上，证明几千年前的古人对太阳运行规律掌握已经相当准确。也有不少学者根据巨石阵附近发现的多处墓穴，推测其为祭祖用的祭祀场所。别的说法还有把它看作纪念历史战役的象征性建筑，或把它解释为一座史前计算机——因为石阵的排列和站立方式，具有与数学相关，尽管尚未被人类破解的深远意义。

至于在没有现代挖掘机、吊重机的帮助下，古人如何凭人力将巨石立起来，并将部分巨石横跨在两根巨石上，这一问题到现在也是让专家们百思不得其解。据考古学家的考证，巨石阵的质地为蓝砂岩，神奇的是，巨石阵所在的索尔兹伯里附近压根没有蓝砂岩，目前能发现最近的蓝砂岩，是远在300多公里以外的普雷斯利山脉，这一山脉已超出英格兰的范围，属于威尔士。

　　1915年9月21日，当巨石阵的所有者在一战中阵亡后，巨石阵被拍卖。一位名叫塞瑟尔·邱波的当地人以6600英镑获得所有权。三年后，他把巨石阵捐献给英国政府，被授予骑士勋章。今天，巨石阵由英格兰遗产委员会负责保护看管，出于对遗址的保护，巨石阵已经被圈围起来，大部分游客只能远远观望。

　　内部游览能够让你走到巨石阵中，但请提前至少两个月在官网上预约。只有身处巨石阵中，穿梭于石柱之间，才会真正

感到被神秘气息包围，处在那样的气氛下，会让你忍不住去猜想远古的秘密。内部游只限于早上，要是运气足够好，还能在近距离接触巨石阵时，欣赏到壮丽的日出。当太阳光从石缝间透进来，那时的巨石阵，会让你明白为何它担得起"中古世界七大奇迹之一"的名号。

要是结伴造访巨石阵，不妨把人当石柱，尝试摆出巨石阵的模样，体验一下搭建巨石的过程，你一定会被古人类的智慧折服！

No.2

在英格兰，
与这些教堂来场"心灵感应"

教堂文化承载着整个英国的发展史，仰望绚丽斑斓的彩色玻璃窗，循着钟声踏上通往穹顶和塔楼的旋转楼梯，静坐着聆听管风琴传来的乐

音,或在昏暗的角度探索上百年的宗教故事,都会是一段难忘的经历。在英国,要是没有领略过教堂的风采,肯定是件遗憾事。以下这几座散落在各个城市的教堂,算得上是英格兰教堂中最亮眼的风景。

在伦敦,谁也不愿意错过威斯敏斯特教堂(Westminster Abbey),它不仅为王室胜迹,还于1987年被列为世界文化遗产。作为王室专属教堂,这里见证了英国君主的加冕登基和葬礼,记录了英国皇室千年兴衰史,是真正的"英国王室的石头史书"。在教堂内参观的时候可得注意脚下,一不小心可能会踩到印有牛顿和达尔文名字的石板,没错,这两位对人类文明作出卓越贡献的巨匠正埋葬在此。"诗人角"中央,还并排埋葬着杰出的现实主义作家狄更斯和德国著名的作曲家亨德尔。一千多年来,威斯敏斯特教堂安放了3000多位英国最杰出人物的墓碑,难怪英国人认为死后能在此占一席之地,会是至高无上的荣耀。全系石造的特色使得教堂看起来典雅华丽又庄严无比,利用好入口处免费的语音导览,你将会听到一段又一段关乎整个英国的璀璨往事。

位于伦敦塔和威斯敏斯特教堂之间的圣保罗教堂（St Paul's Cathedral）同样不容错过。它不仅是巴洛克风格建筑的代表，其圆形屋顶甚是壮观，而且还是世界第二大圆顶教堂，英国第一大教堂，由英国建筑师克里斯托佛·雷恩爵士花费45年的时间才建造完成，著名的格林尼治天文台同样出自他手。1981年，圣保罗教堂见证了查尔斯王子和戴安娜王妃的盛大婚礼。要是愿意爬上教堂的271级台阶，便可以登上顶楼，那里是俯瞰整个伦敦的绝佳之地。

离开伦敦后，要找到名气能与威斯敏斯特教堂相媲美的教堂，就只能搬出英国最古老、最著名的基督教建筑之一——位于英国肯特郡郡治坎特伯雷市的坎特伯雷大教堂（Canterbury Cathedral）了。

43

两座教堂虽名气相当,但气质却截然不同。威斯敏斯特教堂总带着高端大气的王室风范,已逾1400岁的坎特伯雷大教堂则更显沧桑,且带着更明显的宗教印记。古老的彩色玻璃窗是坎特伯雷大教堂最亮眼的特色,上面的某块玻璃上绘有12世纪坎特雷伯大主教托马斯·贝克特的造像,他因反对英王对教会的干预而在大教堂惨遭杀害,现今教堂依然保有他被杀害的位置。坎特伯雷大教堂之所以会成为英国人的圣地,还因为它是英国国教"圣公会"首席大主教坎特伯雷大主教的主教座堂,圣公会由发动"宗教改革"的亨利八世国王创立,这一举措标志着英国教会与罗马教廷的彻底决裂,新教正式成为英国国教。那些涌动着血腥与权谋的宗教故事已成为历史的某个瞬间,已不再困扰今天华丽得依然让人一见难忘的坎特伯雷大教堂。

要是钟爱彩色玻璃窗,那么约克大教堂(York Minster)也是必去之选。作为欧洲北部现存最大的中世纪时期的教堂,约克大教堂是世界上设计和建造工艺最精湛的教堂之一。最令人惊叹的是圣坛后方那一整片彩色玻璃,由100多个图景组成,淋漓尽致地展现中世纪玻璃切割与上色的绝妙工艺。而中殿西侧大门上那块夺人眼球的心形玻璃花窗更是被称为"约克郡之心"。从教堂内部可以登上塔楼,那里能远观约克市全景!

索尔兹伯里大教堂(Salisbury Cathedral)的知名度虽然比不上前面提到的教堂,却有足够骄傲的资本和底气。1215年6月,金雀花王朝国王约翰王在教士、领主、骑士和城市市民的压力下被迫签署保障贵族和教会特权的《大宪章》,国王的

权力受限,《大宪章》也成为日后英国宪法的基石。现今保存最好的《大宪章》原始版本正好收藏在索尔兹伯里大教堂中,每一位造访教堂的来客都能在牧师会礼堂里亲眼目睹这一从根本上改变英国发展进程的文献原件。除此以外,索尔兹伯里大教堂还拥有世界上最古老且仍在工作的钟表,以及英国教堂最高的塔尖,想要把大教堂拍全可不是一件容易事!

No.3

唐顿庄园中的英式下午茶

相信在英剧迷的心中,《唐顿庄园》具有不可替代的地位。这部电视剧场景华美,制作精良,细致地展现了100多年前的英国贵族生活。仅第一季的海外版权就被100多个国家买入,第二季刚开播时,就有超过三分之一的英国观众收看,可以说它几乎满足了人们对维多利亚时代的所有想象。

剧中最让人难忘的经典场景,莫过于每集开头俯瞰唐顿庄园全景,城堡、古树与草坪交相辉映,"唐顿迷"心照不宣:好戏就要上演啦!实际上,唐顿庄园并非虚构,它的拍摄地就是位于伦敦以西伯克郡的海克利尔城堡。这座城堡每年只会不定期开放一到两个月,要是来英国时正好碰上城堡的开放期,一定不能错过预约参观。这座城堡现在是第八代卡纳文伯爵乔治·赫伯特及伯爵夫人菲奥娜的家。而现实中的海克利尔城堡,其实比剧中的"唐顿庄园"还要精彩。

抵达海克利尔城堡最合适的交通方式是自驾。驾车绕过一片片草坪后,便会看到海克利尔城堡巍然坐落在千亩草地上,一踏入即让人代入到"唐顿庄园"的情境之中。城堡的木质大门精致有质感,无论是门上的铁狼头铺首,还是门前那一对双足飞龙,都与剧中无二,会让人不禁想起剧中的大管家卡森就是在这扇门前迎接贵客。

步入城堡,便是另一个世界:红蓝柏间的大理石柱支撑着拱形屋顶，摆放有序的古董家具，巨型橡木阶梯，地板上代表着"Comes Carnarvon"的双C标志低调地彰显着卡纳文伯爵家族的实力与文化底蕴。

穿梭于房间之中，一一对应熟悉的剧中场景，那种感觉实在太独特美妙。《唐顿庄园》里格兰森姆伯爵常与管家议事的图书馆，有着镀金房顶和镀金书架，深红色沙发再配上暗红色地毯，流露出一种古典气质；剧中姐妹促膝谈心的起居室，陈列着一架被誉为"钢琴中的劳斯莱斯"的施坦威纯黑钢琴，产于1895年，至今音色不改；起居室那一面淡绿色的墙，并非墙纸，而是装饰了昂贵的丝绸。这面"丝绸墙"是现实中的第五代伯爵夫人阿米娜·伍姆韦尔出嫁时，富有的银行家父亲送给她的嫁妆之一。

更让人惊喜的是，参观者除了能进入剧中频频出现的房间，还能亲临那些剧中未出现的神秘空间，比如男士专用的吸烟室就是一处特别的存在。吸烟室没有想象中的乌烟瘴气，相反是一间让人眼前一亮的名画收藏室。

流连于海克利尔城堡，既像徜徉在英剧中，也像走进装潢考究的博物馆。家族珍藏丰富，仅是音乐室中那张拿破仑用过的木制写字桌就足以让人啧啧称奇，被摆放在不同房间中的37只具有历史价值的钟表，则见证了历史与时光在城堡中留下的不朽痕迹。不管走到哪个房间，或者可以说在任何角落，你都能发现家族成员的生活痕迹，无论是雕像、画像还是珍贵的照片，都在提醒着来客，海克利尔最重要的角色，依然是赫伯特家族成员的家。

而赫伯特家族成员的故事，比剧情更传奇。在英剧《唐顿庄园》中，一战时男人主动参军，女人把庄园改造成医院

救治伤员，这段剧情就是取材于赫伯特家族的真实故事。上文提到的第五代伯爵夫人阿米娜·伍姆韦尔就曾在一战时毅然将城堡改为临时医院，买来最先进的医疗设备，组织医生护士无偿为伤员提供救治。当时摆放着珍贵古董和书籍的图书馆被当作疗养室，至今在海克利尔城堡档案室中，还保存着数百封感谢信。其中一些信，字迹歪歪扭扭，是失去右手的伤员用左手写下的，这份情意让人感动。

　　阿米娜的丈夫第五代卡纳文伯爵，同样是一位大人物。全球著名的十大古墓之一的埃

及法老图坦卡蒙墓的发现与两个名字紧紧相连,一位是英国考古学家霍华德·卡特,另一位则是他的赞助人——第五代卡纳文伯爵。

现任城堡主人第八代卡纳文伯爵为了纪念曾祖父对世界考古学的贡献,专辟地下室来安置曾祖父在埃及收藏的物品,其中包括不同法老的首饰盒原件及法老重要珍宝的复制品,还有伯爵在埃及考古时的照片。穿行在城堡的地下展览室中,会让人禁不住慨叹,现实永远比剧情精彩,历史总是环环相扣,自有其精彩之处。而这一段传奇经历,也为海克利尔城堡增加了一丝神秘色彩。

来英国旅行,少不了来一顿正宗的英式下午茶,而海克利尔城堡的茶屋就能满足你的愿望。在茶里加入牛奶,再搭配无边三明治或司康饼,享受过去贵族般的待遇。享用过下午茶后,跟家人或朋友在海克利尔的草坪上漫步,走向离城堡不远的柱状式寒鸦堡,还有充满浪漫风情的戴安娜庙,不妨再欣赏一遍道路两旁的黎巴嫩雪松,它们是第一代卡纳文伯爵亲手种下的"精灵"。

这座城堡确实有着独特的魅力。每一位因《唐顿庄园》而走近它的游人,在结束参观之后,都不会再下意识地把这座城堡与英剧相联系,而只会记得,它叫海克利尔。

走进康桥

在英格兰，去感受剑桥大学和牛津大学这两所最高学府的魅力，是英国之行最不可错过的事情之一。徜徉在各个时期的古老建筑中，感受浓厚的学院气氛，在学校里寻访《哈利·波特》《万物理论》的拍摄地，感受世界最优秀学子们的学习环境，感悟牛顿、达尔文、培根、雪莱、霍金等世界大牛求学的地方，任何一点单拎出来都是极大的诱惑。

在行程安排上，剑桥、牛津与伦敦的位置呈三角之势，一天逛完两所大学不实际，最好一天逛一所学校及其所在的小镇。如果行程紧张，可以在两所学校中择一前往。剑桥与牛津均具有浓郁的学术气质，相较之下，剑桥显得清丽秀气，而牛津则更厚重沉稳。

作为全世界最顶尖的大学之一，剑桥大学拥有超过800年的历史。人类史上响当当的人物如牛顿、达尔文、凯恩斯、拜伦、培根等正是来自这所学府，剑桥大学同时还是世界上诞生最多诺贝尔奖得主的地方。

很多人听说剑桥大学，大概是从徐志摩的那首著名的《再别康桥》："轻轻的我走了，正如我轻轻的来；我轻轻的招手，作别西天的云彩……但我不能放歌，悄悄是别离的笙箫；夏虫也为我沉默，沉默是今晚的康桥……"从1920年到1922年，这位诗人游学于剑桥研究政治经济学，饱含情意地写下这首几乎每个人都会背的诗歌。

来到剑桥，去参透徐志摩诗中那康河柔波的魅力，体验"撑一支长篙，向青草更青处漫溯"的浪漫，自然不能错过坐船游剑河。听撑船小哥一边为游人撑船一边介绍沿途经过的学院以及小八卦，绝对是剑桥的独一份。要是想露一手，也可以和撑船小哥交换位置，体验一把在康河里撑船的惬意。

剑桥共有31个学院，如果所有学院同时开放，一天都走不完，建议去参观最有代表性的学院——国王学院、圣三一学院和圣约翰学院。

进入国王学院需要付费，但可贵之处在于这是为数不多常年向游人开放的学院。亨利六世于1441年创建了国王学院，经济学家凯恩斯、诗人徐志摩都曾就读于此。参观时最不能错过的是经历一个世纪才完工的礼拜堂——过去每年在英国女王的圣诞致辞中唱诗班的歌唱地点。作为哥特式建筑的杰出代表，礼拜堂拥有世界上最大的扇形拱顶和最出色的中世纪彩色玻璃，总能令每一位游人惊讶。

从国王学院向北走，不远处便是圣三一学院。圣三一学院开放的时间不多，要是去的时候正好开放就算是运气好。作为剑桥财力最雄厚、名声最响亮的学院，最知名的校友肯定是牛顿，圣三一学院的不少游人都是奔着那棵著名的"牛顿苹果树"去的。给予牛顿灵感想出万有引力定律的苹果树已经枯死，现在学院门口的这棵苹果树是当年那棵老苹果树的一段小枝桠长成的。著名的三一巷位于

圣三一学院的南边，电影《万物理论》一开始，霍金和他的伙伴意气风发地骑着自行车穿行在剑桥的街巷里，就是取景于三一巷。

圣约翰学院的建筑十分宏伟壮观，不过最让人津津乐道的还是金庸先生与圣约翰学院的往事。在2005年，已80岁高龄的金庸先生作为研究生入住圣约翰学院，2007年获哲学硕士学位，3年后他获得哲学博士学位，在2010年更是被举荐为圣约翰学院荣誉院士。今天来到圣约翰学院，还能看到那块落款为"学生金庸"的对联石，上书"花香书香缱绻学院道，桨声歌声宛转叹息桥"。

金庸先生对联中提到的"叹息桥"，也是剑桥大学一处不可错过的地方。连接第三庭院与新庭院的叹息桥由于其造型与威尼斯的叹息桥相似而得名。而另一种说法则是考试没通过的考生会经常来这里追悔莫及，叹息流泪。

53

彼得兔的故事

No.5

湖区（Lake District）位于英格兰西北海岸，靠近苏格兰边界，面积达2300平方公里，于1951年被划归为国家公园，是英格兰和威尔士的11个国家公园中最大的一个，同时也是拥有全国最美丽风景的地方。

湖区的主要湖泊包括温德米尔湖、格拉斯米尔湖、凯斯维克湖。"玫瑰战争"时期的湖区是兰开斯特家族的势力范围。如今，来自世界各地的游人陶醉在旖旎的湖光山色之中，同时感怀着生于斯、老于斯的英国著名诗人威廉·华兹华斯（William Wordsworth）以及由他领衔的"湖畔诗派"笔下的壮阔风光。

在湖区的户外活动总是异常丰富，你大可泛舟湖水，也可徒步山川，欣赏明信片般的美景带给你的惊喜。难怪美国《国家地理》杂志把湖区入选为"一生中最值得去的50个地方"。这里总是艳阳高照，一尘不染的蓝天像悬挂着的一块巨大幕布，将碧波闪烁的湖色映衬得仙气十足。坐在湖边，近处是茂盛肥美的草木，成群结队的白天鹅悠然戏水；远处漂荡着白色的帆影点点，风格各异的建筑群错落有致地分布在湖岸四周；身边不时飞过的棕头海鸥，发出高昂的鸣叫。

更多人来到湖区，是为了这里的文学气息。在湖区温德米尔湖畔的波尼斯小镇（Bowness），在家庭旅馆、车站和邮局前都

可以看到一只毛茸茸的小兔子，它就是彼得兔。1902年，世界绘本文学的首创者、寄居在英国湖区山顶农场的毕翠克丝·波特（Beatrix Potter），出版了彼得兔系列童话绘本的第一篇《彼得兔的故事》。第二年，她又为彼得兔的形象登记了版权保护。从那时起，这只英国小兔子及它的伙伴们就开始被各国的孩子们熟知，作者波特也被后人誉为"20世纪的J.K.罗琳"。

每一位被彼得兔的故事温暖过的人都能在这里找回美好、梦幻和童真的时光，因为波特的故居——山顶农场（Hill Top）藏着她笔下那个真实存在过的"童话世界"。

光是农舍前的花园就足够人们欢喜雀跃。宽3.6米的小径旁长满了各种植物，黄水仙、玫瑰、蜀葵和虎尾草交织成一道风景；豌豆、土豆、萝卜、卷心菜轮番上阵，从不让园中的菜地落寞。《汤姆小猫》一书的封面是猫妈妈带着三个孩子走向房子，图中那条漂亮的石板路就是现实中通往农舍的小径。在繁花似锦的小径上行走，仿佛一转身，彼得兔和汤姆小猫就会从草丛中钻出来。

穿过花园，便来到山顶农场中的农舍。石板地、小地毯、淡绿色花墙纸，无不透露着这是一间古老而典型的湖区农舍。如今农舍成为波特的小型博物馆，洋溢着一种舒服又安心的亲密感。如果熟悉波特的《小须子塞缪尔老鼠的故事》，你会发现这里处处都能找到激发波特创作热情的角落。农舍门厅处的摇摇椅和小木椅，正是故事中邻居太太来做客时，猫妈妈坐着拉家常的地方；摆放着漂亮盘子的橡木橱柜，正是小老鼠安娜偷东西时恰巧经过的那个橱柜。

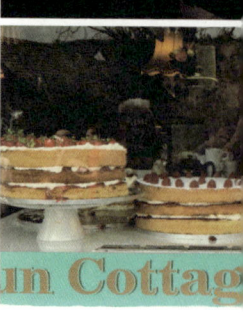

这个画面可不是波特凭空想象的，她曾有好几次发现有老鼠天不怕地不怕地正在前厅享受美食！

楼上的房间也有不少惊喜。千万别错过二层的珍宝房，波特将其恋人曾为侄女准备的玩具屋复原到房间中，并以玩具屋里的小家具为灵感，创作出一个滑稽的故事：顽皮的小老鼠"侵略"玩具屋，偷走了比自己还大的小椅子和小扫帚，要当作自己的家具。玩具屋对面是一个漂亮的橱柜，里面摆放了不少波特创作的角色模型，如果你是波特的忠实粉丝，仅这一间房就足够大呼不虚此行。

英国最著名的湖畔诗人华兹华斯的那句"我孤独地漫游，像一朵云"不知触动了多少人的心弦。要想体验诗中的曼妙意境，少不了要来湖区的格拉斯米尔小镇（Grasmere）打卡华兹华斯的老农庄——鸽舍（Dove Cottage）。

1799年，华兹华斯在这里买下了一栋别致的小屋，从此无数著名的英文诗歌在这里诞生，其中就包括他最著名的诗《咏水仙》。故居的面积不大，屋内的石材地板，壁炉中闪烁的炭火，每一件物品都能让来者感受到那个时代的气息，重温当年华兹华斯和家人生活在这里的情景。

要是想更进一步走进华兹华斯的精神世界，还需要参观故居隔壁的博物馆。馆内展出这位浪漫主义诗人的大量诗歌手稿和信件，介绍其在湖区的生活经历。诗人的童年非常坎坷悲惨，青年又正好

遇上叛逆时期,是湖区治愈了他,这里的诗情画意,给予他美妙的创作灵感。而牛津大学基布尔学院的格言"Plain living and high thinking"(朴素生活,高尚思考)也正是出自这位浪漫主义诗人。

要是对湖区那家横跨在溪流中的桥屋心心念念,不妨来一趟安布塞德小镇(Ambleside)。这座有着300多年历史的石屋,据说是当时屋主为了避税才建到桥上的,没想到现在成为湖区明信片上出镜率最高的历史建筑。

每个人都能在湖区重获内心的平静。要是在湖区不知道想做什么,不妨买一支有名的湖区冰淇淋,坐在湖边的长椅上,享受着微微的凉风、波光粼粼的湖面以及宁静惬意的田园风光,所有浮躁都在此刻被安抚,你会发自内心地爱上这片灵秀之地。

我好似一朵孤独的流云,
高高地飘游在山谷之上,
突然我看到一大片鲜花,
是金色的水仙遍地开放。
它们开在湖畔,开在树下,
它们随风嬉舞,随风飘荡。
——华兹华斯的"湖区"名篇《咏水仙》

No.6

不列颠的尽头，
英国人的度假天堂

在伦敦搭乘火车，一路向西南，约4小时20分就能抵达英国版"天涯海角"——康沃尔（Cornwall）。这里有以大海为幕布的悬崖露天剧场，有矗立在孤岛上的古老城堡，有美丽曲折的海岸线和浪漫的渔村，还有能体现英国工业发展史并成为BBC大片拍摄地的矿区遗址。丰富的景观在康沃尔无缝切换，历史人文与自然户外搭配得当，使康沃尔成为英国一处特别的存在。

康沃尔藏着全世界最有名的露天剧场——米纳克剧场（Minack Theatre）。这是一座从悬崖上刻凿出来的露天剧场，每年5月至10月是米纳克剧场的表演月，尽管上演的剧目不尽相同，但莎翁剧作必不可少。剧场旁是一望无际的大西洋，海水在阳光的照射下显现出不同的蓝绿色，像是为舞台不断变换着幕布。表演时间一般是晚上7点至10点，海风清凉，不妨备上毯子、热茶和点心。当黑夜降临，舞台灯光亮起时，一场好戏即将上演。但愿海鸥的鸣叫不会让你分了神。

英国的城堡很多，但坐落在孤岛上的城

堡还是少见。位于圣米迦勒山（St Michael's Mount）上的城堡便是一座难得的"水中城堡"。这里潮涨为岛，潮落为山。退潮时，一条与海岸相连接的小路会"浮"出海面，直接通往高耸的圣米迦勒山古堡。涨潮时，圣米迦勒山则变成一座名副其实的孤岛，不用担心，这里每天都有船只前往。古堡建于1135年，穿梭在古堡中，你会发现不少有趣的房间与物件，而城堡最得天独厚之处，莫过于在每间房间、每条走廊的尽头都能看见蔚蓝的海面，阳光透过老式窗户照进古堡，仿佛穿越了时空。

康沃尔的矿业史漫长而辉煌，20世纪50年代，全世界一半的红铜和锡出自康沃尔，波特勒（Botallack）矿业遗址是这段历史最好的见证者。如果你是英剧《波尔达克》（Poldark）的忠实影迷，那么请记得在旅行目的地上加上波特勒，剧中那触动人心的大海配悬崖，夕阳与花田共舞的景致就是在波特勒拍摄。要是不赶行程，何不在悬崖边来一次野餐？哪怕只是最简单的金枪鱼三明治，配一杯温暖的热茶，再拥抱这无人打扰的BBC拍摄地，此情此景，堪比在米其林三星餐厅饱餐一顿。

海南三亚有一处著名景点"天涯海角"，意为天之边缘，海之尽头，而在康沃尔也有一处属于英国的"天涯海角"——兰兹角（Land's End）。与我们的理解不同，兰兹角在英国人的心中并不是指能到达的最远之地，恰恰相反，英国人把兰兹角看作船只远航的出发点。

即使晴空万里，兰兹角也是风急浪涌。看过太多优雅温柔的风景，来兰兹角领略英吉利海峡的惊涛骇浪会别有一番滋味。康沃尔本来就是英国人最心爱的夏日避暑胜地，而兰兹角更是众多政要名人的度假天堂。英国前首相卡梅伦还曾被拍到光着膀子在这里的海滩晒太阳！

苏格兰篇

永生难忘的爱丁堡皇家军乐节

要是8月份来英国旅行时想要观看一场足够令人永生难忘的表演,那么闻名世界的爱丁堡皇家军乐节(The Royal Edinburgh Military Tattoo)绝对是个不容错过的选择。

军乐队表演使用的"tattoo"这个词源于300多年前的荷兰语"Doe den tap toe",直译成英文是"close the beer tap"(关掉啤酒桶的龙头),军鼓手走在街头上,吹吹打打,催促在城镇酒吧里享乐的士兵赶紧归队,后来便演变成在军队中带有娱乐性质的军乐表演。爱丁堡皇家军乐节自1950年开始后大受欢迎,现今已作为爱丁堡国际艺术节中最万众瞩目的重头戏,俨然成为爱丁堡最精彩的城市标签。

军乐表演一般会在每年的8月初举行，表演周期长达3周。光举办地点就十分引人注目，是在苏格兰的核心——爱丁堡城堡前举行。

　　一般在活动半年前就可以在网上订票，经常刚一发售就会被抢购一空，要是想订到好位置，就更得盯着机会尽早购票。另外，爱丁堡皇家军乐节还有一个不成文规定，参加者必须穿着或佩带与格子布相关的服饰！由于军乐节的表演一般是从晚上9点到10点半，晚上天气寒冷，建议多穿衣服。

　　爱丁堡皇家军乐节确实有让人期待的资本，表演者以英国皇家军乐队、英联邦国家军乐队以及受邀前来参加表演的其他国家的军乐队为主。在2004年和2015年，中国人民解放军军乐团就曾受邀前来表演。

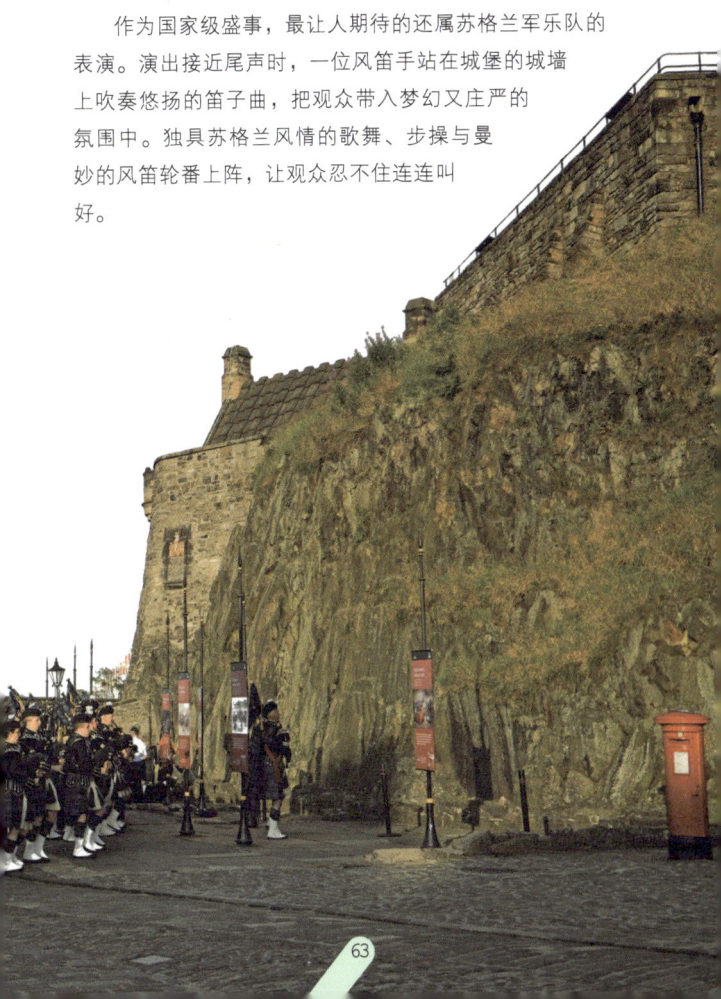

　　作为国家级盛事，最让人期待的还属苏格兰军乐队的表演。演出接近尾声时，一位风笛手站在城堡的城墙上吹奏悠扬的笛子曲，把观众带入梦幻又庄严的氛围中。独具苏格兰风情的歌舞、步操与曼妙的风笛轮番上阵，让观众忍不住连连叫好。

在英国，雨水总爱不期而至，经常表演途中就下起雨来。不用担心会影响观演的兴致，军乐表演会应景地跳起"雨伞舞"。观赏者也能不慌不忙地穿上组织方提前准备好的雨衣。当表演者打开彩虹伞纷纷起舞时，下雨便成为了一件令人欣喜的事情。爱丁堡皇家军乐节在近70年的表演历程中，没有一场表演因天气而取消，绝对称得上雷打不动、风雨无阻。

军乐表演的灯光效果绝对是令人难忘的，光是投影在爱丁堡城堡上的图案与色彩就已足够让人大饱眼福。而最后的烟花表演，更是把整个盛会推向最高潮。

每场军乐表演总是以1000多名演员和10000多位观众合唱苏格兰民歌《Auld Lang Syne》结束，这是一首享誉全球的名歌，国人更熟悉的是中文版本《友谊地久天长》。此时此刻，所有人都站起来，无论是否认识身旁的观众，都默契地手拉手，笑着目送乐手们的退场。

爱丁堡皇家军乐节最打动人心的地方，在于现场的气氛不仅会激发观众的爱国情感，还会让他们对身为地球村的一员而

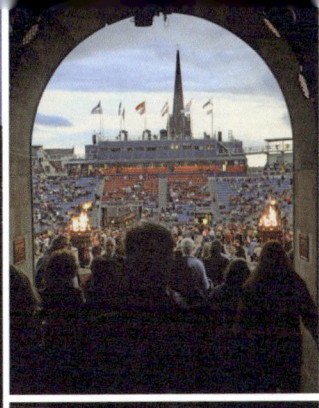

感到荣幸。这场超越时空的盛宴，让我们引发人类情感的共鸣，这里没有仇恨与偏见，只有包容与欣赏。而此时的和平鸽，也在城堡上长久地飞翔。

荷里路德宫和爱丁堡城堡：
女王在苏格兰的家与要塞

在苏格兰之旅中，爱丁堡绝对会成为大家的心头好，而其中最受欢迎的街道，莫过于贯穿爱丁堡老城的皇家英里大道（Royal Mile），这条长约一英里的极具文艺气息的大道，连接了苏格兰历史的两大焦点：荷里路德宫和爱丁堡城堡。

在女王的所有宫殿中，位于苏格兰首府爱丁堡的荷里路德宫（Palace of Holyroodhouse）拥有最壮美的景致，无论是拍摄电影《一天》的亚瑟王座（Arthur's Seat），还是巍峨的塞尔斯伯里峭壁，都让人过目难忘。

荷里路德宫虽然贵为英国皇室在苏格兰的御用住处，但真正让它声名远扬的反倒是因为它是王室血腥历史的见证者。号称16世纪最美丽的女人——有名的苏格兰玛丽女王就曾住在城堡塔楼中。玛丽女王的一生可谓命运多舛，她的父亲为苏格兰王詹姆斯五世，可惜早早去世。玛丽的母亲为了避免苏格兰落在英格兰国王亨利八世的手中，将女儿远嫁法兰西，可惜婚后三年，玛丽的第一任丈夫弗朗西斯就去世了。心碎的玛丽别无选择，只能回到家乡，之后嫁给她的表兄，即第二任丈夫亨利·斯图亚特。亨利是玛丽一生的噩梦，他因为怀疑她与她的宠臣大卫·利兹欧有不正当关系，竟然当着怀孕的玛丽的面，与同伙将利兹欧拖至女王卧室旁边的房间连砍五十多刀。今天游客还能在玛丽的寝室（Mary's Bed Chamber）旁的房间里，找到当年利兹欧流血至死处的位置。

宫殿的一层平平无奇，然而从踏上宏伟的楼梯起，宫殿各处便洋溢着只可意会不可言传的氛围。光是那独立于墙壁外，代表了当时技术和设计最前沿的楼梯便很有看头；往上看，天花板的泥灰雕塑具有美妙的立体效果，像花朵一样绽放；四角的天使所手持的物件传递着重要的讯息，这些物件分别是王冠、权杖、宝球和宝剑，无不透露着王室的威严。

充分利用好中文电子导览，穿梭于一个个令人难忘的王室客房，聆听曾发生的故事，端详皇宫里堪称苏格兰最精美的宝物，就像穿越到过去一般。在国王卧室里，依然保留着整个宫殿里最好的床，无论是红色的天鹅绒，还是银色锦缎和金属丝线，以及来自异域的鸵鸟羽毛，都对得起人们给它的爱称——"天使之床"。

最让人难忘的房间肯定是大画廊（Great Gallery），里面挂满了由查理二世下令，由荷兰画家所绘的苏格兰自建国以来的历代君主，参观时不妨观察这些国王们的容貌有何相似之处，同时跟着导览一同回顾曾在这里发生的苏格兰历史上那些最戏剧化的瞬间。

行宫旁边是荷里路德修道院的遗址，像是特意不修复似的，这里依然保留着残缺美。而久经沧桑的宫殿，不仅曾是这

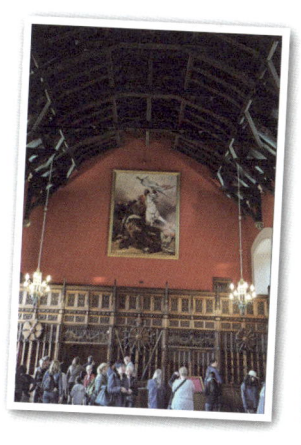

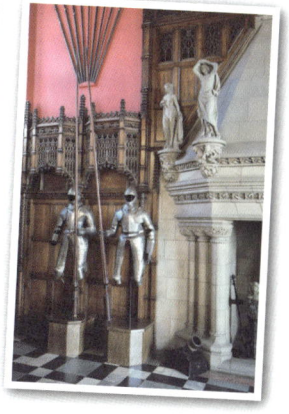

个国家命运最悲惨的女王的家,更是代表着苏格兰历史的"石头传记"。

位于皇家英里大道另一端,居高临下的爱丁堡城堡(Edinburgh Castle)则散发着浓烈的雄性荷尔蒙。它屹立在爱丁堡的最高点,在市中心各个角落都能看到。在荷里路德宫落成前,这里一直是重要的皇家住所和国家行政中心;荷里路德宫落成后,爱丁堡城堡依然保留它更为重要的角色——军事要塞。直至今天,城堡上的古炮、城墙和战争纪念馆,依然向来客展现它为苏格兰奋斗的历史。

站在爱丁堡城堡的城垛和炮台上,可以俯瞰爱丁堡全貌。在二战期间服役过的一点钟炮(One o' Clock Gun)是大家眼中的明星文物。直到今天,除周日、圣诞节和耶稣受难日外,这枚钟炮依然会在每天下午一点钟准时开空炮报时。炮口对准的方向和当年一致,像过去那样保卫着苏格兰的和平。

城堡亮点颇多,建议把时间多放在位于王冠广场(Crown Square)的四座建筑里,它们分别是皇宫、庆典大厅、皇家炮室和圣玛丽礼拜堂。皇宫(Royal Palace)是重中之重,这里曾为君主居住的地方,上文提到的玛丽女王当年就曾从荷里路德宫出逃到爱

丁堡城堡，居住在皇宫里，并在此诞下后来统一英格兰和苏格兰的国王詹姆斯一世。不过，皇宫里最吸引人的地方，莫过于这里收藏着王室御宝"苏格兰之光"，它们分别是王冠、权杖和护国宝剑，堪称不列颠群岛上最古老的王室御宝。

城堡里的命运之石（The Stone of Destiny）同样牵动着众人的心。尽管外表其貌不扬，这块饱经风霜的石头却是中世纪苏格兰民族的象征，在拥立国王的过程中至关重要，因为古代苏格兰的国王们正是坐在这块石头上登基的。它于1296年被入侵的英格兰国王爱德华一世夺走，幸好自从1996年物归原主后就一直被保存在城堡中。

正如过去的几个世纪一样，今天这座古老的皇家城堡仍然是苏格兰国家地位的有力象征，它不仅是大不列颠岛上被围攻次数最多的地方，是苏格兰许多重大事件的核心，也是苏格兰人心中的国家之光。

No.9

世界最美海滨公路 NC500，自驾者的福音

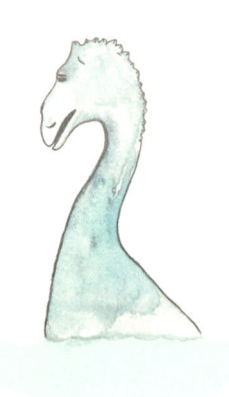

NC500是"North Coast 500"的简称，为环绕苏格兰北部一圈的公路，全程约500英里（约合800公里），因涵盖了苏格兰北部几乎所有自然及人文精华，开通仅两个月后，便被权威杂志 *Travel Now* 列为世界最美的六大海滨旅行路线之一。

NC500是名副其实的世界级自驾路线，挑战整条路线需要花大概1周的时间，要是时间宽裕，恐怕游玩一个月还是会让你意犹未尽。沿途不仅有蜿蜒曲折的海岸线、星罗密布的湖泊以及美丽安静的沼泽地，还有童话般唯美的城堡、古堡废墟、二战军港以及世界闻名的威士忌工厂，一路上地貌的变化总是让人叹为观止，每一个转角都能给你带来惊喜。

NC500路线起始于因弗内斯（Inverness），自驾者一般会选择沿着顺时针方向完成NC500线路，这样前段线路亮点密集，而后段线路则相对轻松。因弗内斯作为苏格兰高地地区的首府，随处可见穿着苏格兰裙在街头吹着风笛的人，如果这一点无法打动你，离因弗内斯不远的尼斯湖（Loch Ness）或许会吸引你驱车前往。地球上最神秘的谜——尼斯湖水怪据说就曾在此地出没，是否真有水怪不好说，但绮丽的湖水风光倒不舍得让你失望而归。

从因弗内斯出发，爱莲·朵娜城堡（Eilean Donan Castle）绝对会让你眼前一亮。城堡建于湖中小岛，一座石桥跨湖连接城堡与陆地，无论从哪个角度欣赏都会是一幅如诗如画的美景。爱莲·朵娜城堡被公认为苏格兰最浪漫的城堡，传说在城堡前接吻的情侣可以相爱一生一世，电影007系列中《007之黑日危机》曾在此取景。

美丽的海滨小村阿普尔克罗斯（Applecross）适合成为你的歇脚地，沿途路线被认为是NC500的精华路段之一。自驾的乐趣还来自给古老的苏格兰高地牛和高地羊让道，而著名的湖边红色草棚屋一定会让你忍不住停车拍上几张照片。

另一处歇脚地洛欣弗（Lochinver）附近的阿尔德福瑞克城堡（Ardvreck Castle）是这一路古堡废墟中最让人难忘的一座，同时也是NC500官方手册7个打卡点之一。当年这里曾经关押过保皇党人，尽管如今只剩塔楼与一部分防御墙，但若想寻觅合适的露营野炊地，这里是不错的选择。

位于高地最北边海岸的斯摩洞（Smoo Cave）流传着鬼魂传说，还是全球九大神奇洞穴之一。斯摩洞的奇特之处在于它是由两种水分别溶解而成，内洞由淡水河溶解而成，洞口则被海水侵蚀形成，因此它既是一个海蚀洞，又是一个淡水洞，成为英国独一无二的神奇存在。哈迷估计会发现，斯摩洞还是"魂器洞穴"的原型！

打卡英国大陆最北角邓尼特角（Dunnet Head）和英国东北角John O' Groats（约翰·奥格罗茨）是环绕NC500的乐趣之一。John O' Groats因与英国西南角的兰兹角（Land's End）形成主岛最远距离而得北角尽头之名，实际上邓尼特角才是真正的最北端。两处地方都拥有苏格兰地区较少见的平原地带，绿草如茵，惬意无比。离John O' Groats两英里的邓肯斯比角（Duncansby Head）也是必到之地，海岸角上留下史蒂文家族的灯塔，邓肯斯比角的海柱更是适合拍出大片。

NC500线路的东海岸不及北海岸壮美，但路况更好。沿途的杜罗宾城堡（Dunrobin Castle）是一座现实世界里的童话城堡，每一个角落都会激发你的少女心。

苏格兰的威士忌闻名世界，NC500的沿途自然少不了著名的酿酒厂，位于Tain小镇的格林莫瑞（Glenmorangie）酒厂有近两个世纪的生产史，要是时间宽裕，不妨参加他们的品酒线路，一窥苏格兰的威士忌文化。

NC500路线真正展现了高地风貌，但还躲在鲜为人知的地方。建议提前缓存电子地图Google Maps，以便在路上没有信号时使用。整条线路路况复杂多变，有大量的盲角和陡坡，而且部分为单车道，要是对面来车，还需要在沿途的让车道停靠。准备一个苏格兰民歌和风笛曲的歌单吧，在海滨公路享受越野驾驶的同时，苏格兰海岸的魅力将展现得更加彻底。

75

No. 10

福斯桥，苏格兰人的骄傲

经常旅行的人会发现，世界各地有不少标志性大桥，它们不仅是连接两岸的通道，还成为游人眼中一道亮丽的风景线，这样的例子数不胜数：中国的赵州桥、美国的金门大桥、澳大利亚的悉尼海港大桥、意大利的维琪奥桥……而提起苏格兰，最有名的莫过于福斯桥（Forth Bridge），周杰伦在《明明就》MV里唱到那句

"海鸥不再眷念大海,可以飞更远"时,他身后正是福斯桥;希区柯克的电影《三十九级台阶》中最惊险的跳火车场景,也正是选在福斯桥上。那抹引人注意的复古红,确实是亲临爱丁堡时不能错过的风景。

  福斯桥横跨苏格兰福斯河口三角湾,距离爱丁堡市中心只有14公里。之所以能成为苏格兰人的骄傲,在于它有着不少辉煌的历史:福斯桥建于1882年,当年由英国国王爱德华七世举行通车剪彩仪式,它不仅一度成为世界上最长的多跨度悬臂桥(现居第二),其建筑材料大胆且直接的呈现还使它独具工业设计美感,让福斯桥多次成为风景画、明信片上的宠儿。

  除了在风格、材料和规模上的创新,100多岁的福斯桥直到今天依然是客货运主干道,其漂亮且出色的"工作能力"被认为是苏格兰式建筑结构的标志和象征，同时还被誉为世界铁路桥梁史里程碑之一。2015年7月，福斯桥被联合国教科文组织列为世界文化遗产。苏格兰人对它的喜爱还延伸到钱币上，苏格兰5镑纸币的图案正是大名鼎鼎的福斯桥。

福斯桥的桥体是鲜艳的大红色，古典十足且非常"上镜"。关于美丽的福斯桥，还有一段趣闻：从福斯桥建成起，等把桥全部上完色，前半部分就又褪色了，所以规定每过三年就需要刷一遍油漆，而且刷漆的工作要由24位油漆工来完成。从桥的一头到另一头，刷完一遍需要三年。一遍完工之后，接着再刷第二遍，三年之后再刷第三遍……难怪在英国流行着一句"paint the Forth Bridge"（给福斯桥刷漆）的俗语，来形容一件永远做不完的工作。

要是喜欢欣赏海边漂亮的风景，来造访福斯桥准不会错。除了福斯桥以外，连接福斯河两岸的还有1964年建成的福斯公路桥以及2017年启用的跨海公路大桥昆斯费里大桥（Queensferry Crossing）。夹在中间的福斯公路桥构造简单，倒也简洁优雅。而最年轻的昆斯费里桥全长2600米，是全世界最长的三塔斜拉桥。2017年9月4日，英国女王伊丽莎白二世及菲利普亲王还亲自出席昆斯费里大桥的落成典礼。不妨找个好天气，欣赏福斯河上的旖旎风光！

把"苏格兰高地陶瓷"炻器带回家

苏格兰高地汇聚了英国自然风光的精华,无论是残破古堡旁那一汪梦幻般的湖泊,舒缓起伏的山坡下那低矮的草原和苔藓,无际的蓝天和山谷间荡漾着悠扬的苏格兰笛音,还是漫山遍野开得烂漫极了的石楠花,都让人恍如梦境,连连惊叹。苏格兰高地的景致带着远古的苍郁和荒凉,由于这里人烟稀少又与世隔绝,因此被无数人认为是欧洲风景最优美原始的地方。

要是能把如此动人心魄的景致带回家该有多好!除了用相机记录苏格兰的美,把绘有苏格兰高地独特景色的炻器带回家也是一个不错的选择。

高地炻器(highland stoneware)是一种介于陶器与瓷器之间的器具,其使用的土和陶器一样,并不需要特殊的高岭土;但炻器对温度的要求很高,必须高达1300摄氏度,这一点与瓷器相仿。

"高地炻器"公司的创始人大卫·格兰特从伦敦皇家艺术学院毕业后,发现家乡人使用的餐具粗糙丑陋,且不少有手艺的画匠找不到工作,于是决心将在伦敦学到的知识与工艺带到苏格兰,造福当地的炻器事业。通过不断的改良与发展,大卫使用无色釉和石灰

粉作原料开发出新型釉料，同时把苏格兰高地特有的风土人情绘在器具上，使得"高地炻器"成为质量高且独具特色的日用品，不仅受到苏格兰人的欢迎，甚至获得全世界的喜爱。1999年在"高地炻器"公司迎来创建25周年之际，查尔斯王子还特地前来祝贺。

要想买到原汁原味独具高地特色的炻器，还得造访大卫在苏格兰开设的两家充满童趣的工厂。洛欣弗（Lochinver）和阿勒浦（Ullapool）均位于苏格兰西北端，游客不仅能在工厂里体验到炻器的完整制作流程，还会碰到不少好玩的装饰物！不仅工厂的墙壁就是用炻器片铺设而成，工厂外的沙发、电视、小轿车也都是五颜六色的炻器片！小轿车的车牌号码是"HS1974"，不用觉得奇怪，HS是"Highland Stoneware"的缩写，而1974则是"高地炻器"的创建年份。整个空间被打造成充满童真又五彩缤纷的炻器片世界！

公司创建四十多年来，所有炻器从制作到绘图都坚持纯人工打造，所以每一件作品都是独一无二。炻器不仅能做成杯子，还有各种大小不一的盘子，以及漂亮又独特的墙饰，一圈参观下来，你的钱包能被瞬间掏空！

值得一提的是，为了质量监督，同时也鼓励彩绘师不断创新，每件炻器的底部都有彩绘师的姓氏缩写，参观时不妨留意哪位彩绘师的作品会是你的心头好！

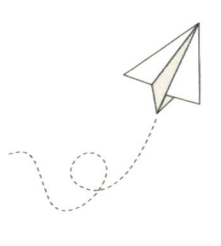

No. 12

在地球尽头的岛屿
看老爷爷编织哈里斯粗花呢

在大英博物馆里,有一套文物总会引来观众的围观,那就是目前存世最有喜感的棋子——路易斯棋。这套中世纪棋子由海象牙和鲸鱼齿精雕刻成,无论是呆萌的持剑国王、捂脸的王后,还是权杖快贴到脸上的主教,那雕刻复杂华丽的凯尔特纹饰,总能引起众人的啧啧称赞,也将一个原本陌生而偏远的岛屿——路易斯岛带到了世人面前。

要是不满足于大众景点，想在英国之旅中找个海岛玩点新花样，那么位于苏格兰西北海岸的外赫布里底群岛（Outer Hebrides）会是个绝佳的选择。它位置偏僻，瞧瞧其名字"外赫布里底"在维京语中的意思便是"地球尽头的岛屿"，有着与世隔绝的诱惑。在整个群岛中，首推路易斯和哈里斯岛（Lewis and Harris），这两个名字经常让人摸不着头脑，实际上是指同一岛屿的两个部分。而那套世界闻名的路易斯棋子，正是被发现于岛上路易斯区域的一个小石室里。

除了路易斯棋，路易斯岛还保存着外赫布里底群岛最受瞩目的历史遗迹——卡兰尼什巨石群（Callanish Standing Stones）。要是巨石阵因为游人太多让你望而却步，那么卡兰尼什巨石群则要好玩得多——你大可以在日出时分走在古老的巨石中，感受与埃及金字塔建造时间相近的英国最完整的石圈带给你的关于史前遗址的神秘感，要是你喜欢，甚至还能在它们中间野餐。

在路易斯岛上住上一周会让你惬意至极。要是愿意提前半年规划行程，你甚至还能预订被旅游管理部门评选为"绿色旅游"金奖的长屋（Long House）。长屋本来是岛上原住民的房子，后来通过改造，成为一处颇有当地特色又现代舒适的房子。建造"长屋"的石头和木头都来自当地，照明电和洗浴热水均来自太阳提供的能量，房子的东、南、西面设计成落地式门窗，再加上天窗的广泛使用，不仅有融入大自然的感觉，也大幅减少照明电的使用。房客甚至还能从房间的天窗欣赏不远处的芦苇荡和远方的大海。奉上预订官网：www.lewislonghouse.com，相信其环保现代又保留当地特色的设计会打动到你。

位于路易斯以南的哈里斯风景独好，无论是崎岖的山脉和迷人的海岸线，还是开满鲜花的沙质低地，都构成了岛上瑰丽壮阔的迷人景致。

但以下这件东西更应该成为你的关注点：英国上流社会专宠，连英国女王、温莎公爵等英国皇室贵族都爱不释手的哈里斯粗花呢（Harris Tweed）！作为名副其实的"英国名片"，只有产地在外赫布里群岛范围内，以路易斯和哈里斯岛为首的岛屿纺纱及漂染，最后人手编织而成的面料，才有资格被称为正宗的"哈里斯粗花呢"。

外赫布里底群岛地处英伦三岛的边陲之地，冬天气候恶劣，畜牧业发达且盛产羊毛。在这种严苛的自然环境下，羊毛进化成结实、坚韧且兼具弹力的最佳状态，再加上其极具苏格兰自然特点的配色，哈里斯粗花呢逐渐为外人熟知。在维多利亚时代，由于邓莫尔伯爵夫人的极力推广，哈里斯粗花呢迅速备受上流社会的青睐，由于哈里斯粗花呢的优越性能，这种面料能极好地与多种活动场合匹配，最终连维多利亚女王也被征服，哈里斯粗花呢的知名度达到顶峰。

　　知名度提高后，仿冒品便层出不穷。为了保护岛民的利益及哈里斯粗花呢的声誉，管理委员会不仅注册了哈里斯粗花呢商标，英国议会更是在1993年通过了《哈里斯法案》，使得低调优雅又独具英伦风的哈里斯粗花呢成为世界上唯一拥有自己法案的面料。

多年以来,哈里斯粗花呢一直保持着"纯手工"的传统,岛上的居民一代代传承技艺,坚持采用人力驱动的踏板纺织机,从捻纱、染色到纺织成面料都是在岛民家中完成,在岛上游览时,不妨去造访岛上的纺织老爷爷,你会更深入地了解这一复古经典的产品,为何能长久地受到大众的喜爱和追捧。可别因为聊得太欢而忘记在岛上购买哈里斯粗花呢的制成品,购买产品时记得认准"球与马尔他十字"和有专业机构编号的戳记,把社会名流衣柜必备的哈里斯粗花呢带回家!

走进现代苏格兰:
一窥充满魔幻色彩的马头形雕塑

位于苏格兰中部的福尔柯克(Falkirk)本是一个已显疲态的老工业区,现今却重新引起世人的关注,这一切都得感谢苏格兰的地标性建筑——震撼人心的马头形雕塑"马形水鬼"(The Kelpies)。"马形水鬼"高达30米,相当于10层楼的高度,每个重约300吨,是世界上最大的马头形雕塑。自驾或乘坐往返于爱丁堡和格拉斯哥之间的火车时,相信谁都无法忽略沿途那两座充满魔幻色彩的马头形雕塑。

这组巨大的马雕由苏格兰雕塑艺术家安迪·斯科特(Andy Scott)亲自操刀设计,先是用复杂的钢铁框架支撑起骨架,再采用多达10000个装置,将马头的"皮肤"不锈钢片固定在钢铁架上。这一壮观又独具艺术美感的钢铁之躯不仅充分显示了福尔柯克的工业特色,还展现了苏格兰的现代魅力。

马头的设计颇具深意,其中一个昂头嘶鸣,另一个则俯首低眉,一动一静,巧妙无比。设计的原型来自苏格兰民间传说"水之妖精",外型像马的妖精在水中能拥有变成人类的能力。"马形水鬼"于2014年与公众见面,恰逢一战爆发100周年。实际上,巨型马头的设计,正是为了纪念在一战中死去的数以万计的马匹,同时也为了歌颂在苏格兰工业化进程中扮演过重要角色的马匹。为了塑造出最活灵活现的形象,安迪还特意与苏格兰的克莱德谷马朝夕相处,最终在落成仪式上,他还特地把"马形水鬼"的原型——给他以灵感的两匹真马带到现场!

无论你的拍照水平如何,都极容易把"马形水鬼"拍出大片的感觉。马首虽伫立在公园的中央,但不远处正好是湖水和运河,只要找对位置,大可以拍出马身浸泡在水中,马首向上嘶吼的完美借位图。夜幕下的"马形水鬼"更显神秘威严的气质,无数出色的灯光艺术家通过烟火和灯光秀的表演为雕塑增加丰富的元素,聚光灯下的马雕更是美到无与伦比,惊艳绝伦。

威尔士篇

迷失在世界上第一个书国——海伊小镇

在世界上的任何一座城市，总会有那么几家二手书店能勾起书迷们的怀旧情结，但能把二手书店做成全球有名的"旧书之都"，还真只有位于威尔士的海伊小镇（Hay-on-Wye）。在英国这样一个文艺范十足的国度，海伊小镇依然是个足够特别的存在。

海伊小镇位于英格兰和威尔士交界处，离威尔士首府卡迪夫一小时车程，这样一个原本名不见经传的偏远小镇，却完全担得起"全球最大二手书店""世界第一书镇"的名号。整个小镇不过1000多位居民，却开有超过40多家二手书店，如果把海伊小镇的书架连成一条线的话，可长达17公里！

海伊小镇为何会成为旧书爱好者们的天堂？其兴起的背后藏着一个引人入胜的故事：20世纪60年代，海伊小镇仍是个经济依赖农业的穷乡僻壤，一位毕业于牛津大学的年轻人理查德·布斯想要帮助家乡的居民开书店，把海伊打造成二手书镇，可惜一直少人问津，生意惨淡。故事的发展节奏在1977年的愚人节来了一个360度大转弯。在这一

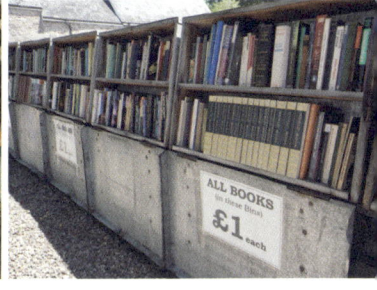

天，由于不满政府无视乡镇发展，布斯突然宣布海伊小镇要脱离欧盟，甚至脱离英国，成为独立的"海伊王国"，而他本人则是"海伊国国王"，还煞有其事地写了《自治宣言》。这一异想天开的消息一传出去，吸引了西方媒体的疯狂报道，海伊小镇彻底火了，布斯也成功达到了目的。海伊小镇闹独立是假，要成为二手书的王国倒是真的。在布斯的感召下，二手书店一家接着一家陆续开张，一车又一车旧书从世界各地运到海伊小镇。如今海伊小镇的书架上，陈列着数百万册旧书，多达2000多种类别，价格从最便宜的50便士，到几千英镑不等，其中不乏绝版的书籍和珍贵的资料。

　　整座小镇就是一座巨大的图书馆。漫步在小镇上，目之所及全是书架和书店，一定会让你发出"这里的书也太多了吧"的感慨。每家书店各有特色，无论推开哪家店门，里面都会是一个让人忍不住驻足良久的旧书圣地。不少二手书店爱配古董沙发，从书架上取下一本书静静阅读吧，随手翻开任何一页，都如同打开一个美妙无比的世界。

小镇的街头也有着独特的景致。海伊镇是名扬天下的"旧书之都",保存着浓厚的历史底蕴,到处都是带着英伦气息的石头房子,古色古香又民风淳朴,镇上的居民彬彬有礼且书不离手,那份优雅又淡泊的气质教人忍不住歆羡不已。

不少房子的墙壁也被改造成书架,有时候走到某座老房子前,本应是窗户的位置却敞开着一个小书架,上面密密麻麻堆满了书,旁边还有一句应景的话:"Books do furnish a room"(书本是房子最好的装饰)。引人注目的还有诺曼式城堡脚下的书架,堆放在这些开放式书架上的书籍类型多样,常常是一英镑一本,要是喜欢,把钱扔到诚实钱罐里就能把书拿走。难怪英国人都知道,想要买到优质又廉价的二手书,去威尔士的海伊小镇总不会失望!

要是你选择5月下旬到6月初来英国,很有可能会碰上海伊镇举办的"海伊镇文学节"。从2001年开始,这一节日成为英国最大规模的全民阅读活动之一。这个时候的海伊小镇会汇聚几万名来自世界各地的作者、出版商与文学爱好者,每次都会举办作家见面会等活动,何况还能与全世界的书虫一起,享受着阅读的时光和淘书的乐趣,绝对是难得的旅行体验!

阿根廷国立图书馆馆长博尔赫斯曾说:"我心里一直在暗暗设想,天堂应该是图书馆的模样。"对于书迷来说,海伊小镇大概便是天堂一般的存在吧。

布莱肯比肯斯国家公园，美妙星空下的"水帘洞"

挖掘威尔士的最佳办法，是探索它的国家公园。打开威尔士的地图，你会发现这个总是容易被忽略的地方居然拥有3个国家公园，占据其总面积的26%。这三个各有特色的公园分别是斯诺登尼亚国家公园、布莱肯比肯斯公园和彭布鲁克郡海岸国家公园，其中布莱肯比肯斯公园因拥有没有一点光污染的星空而大受欢迎。

始建于1957年的布莱肯比肯斯国家公园位于威尔士南部，有着最纯粹的荒野自然，不仅有绿草如茵的高地沼泽、英国最高的红砂石山峰，遍布高原谷地的青草和石楠花，还有隐蔽的瀑布和未经破坏的原始森林，以及南威尔士保存最完好的冰川湖，要是对威尔士的乡村风情情有独钟，布莱肯比肯斯绝对是你的理想之地。

这里是户外爱好者的天堂：徒步、骑车、攀岩、滑翔、洞穴探险总有一款适合你，要是喜欢轻松悠闲的生活方式，大可以在公园里野营野餐，在尤斯卡河上钓鱼，或在公园内的咖啡厅过一个悠闲的下午。要是选择自驾的方式，建议走蜿蜒盘旋在国家公园内的黑山路（Black Mountain Road，A4069），一路风光无限，揽胜无数。

人类在布莱肯比肯斯国家公园留下的印记同样会给你留下深

刻的印象:从新石器时代开始,这里便有人类生活的足迹,另外还有来自青铜时代的石冢和铁器时代的堡垒。此外,罗马人、诺曼人相继在这里留下征服的痕迹。公园内的克拉格塞恩城堡(Carreg Cennen Castle)在一片葱郁的田园风光中显得格外独特,走近这座建于13世纪的城堡的过程并不轻松,你需要穿过壕沟、吊桥和废墟这些原本用于抵御侵略者的工程,而城堡里漆黑的地牢会让你肾上腺素上升!

在被罗马人当作骑兵基地使用几个世纪以后，布莱肯比肯斯国家公园还成为英国军队的重要驻地，而且是英国特种部队的主要训练场所！公园最高峰潘尼凡山（Pen-y-Fan）被用来选拔特种兵，受训的军人不带食物和水被空降到这里，在凛冽彻骨的冬夜存活且灵活地躲过追捕，只有意志最坚定的士兵才能在布莱肯比肯斯生存下来。

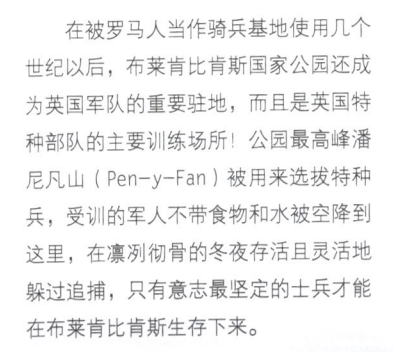

布莱肯比肯斯国家公园的瀑布闻名遐迩，公园内的不同河流因翻越好几处深渊峡谷而成就了几处壮观的瀑布，其中"雪之瀑布"（Sgwd-yr-Eira）更是因为有名副其实的"水帘洞"而备受追捧。因为瀑布与山峦间隔较大，游人可以直接从水帘后山壁前走过，从瀑布后面观赏瀑布，是种难得的体验，也给幽深的公园增添了几分灵气。

布莱肯比肯斯国家公园是"浪漫"的代名词，在这里，你可以实现为心爱的人送一整片星空的愿望！早在2013年，布莱肯比肯斯国家公园

被列为"国际黑暗天空保护区",成为继加拿大莫干迪克国家公园、英国埃克斯穆尔国家公园、新西兰奥拉基麦肯奇保护区、纳米比亚自然保护区后全球第五个获此殊荣的保护区。

被评为保护区后,布莱肯比肯斯国家公园受法律保护不被光污染影响,成为威尔士难得的能凭肉眼看到壮丽星空的暗夜保护区,难怪全世界的观星爱好者都想来到这里体验宇宙之美。远离城市的喧嚣与光污染,在广袤的山野间,在璀璨的星空之下,人们可以欣赏到夜空中的银河、星云,要是足够幸运,还能看到流星雨。"让星空在指尖流淌",如此震撼又回归自然的体验,是布莱肯比肯斯送给来客最慷慨的礼物。

波特梅里恩村，威尔士的世外桃源

No. 16

在威尔士北部格温内德（Gwynedd），有一处真正的世外桃源——波特梅里恩村（Portmeirion Village），整个村庄风景如画，色彩艳丽俏皮，汇聚了欧洲不同时期和地域的建筑风格，是度假休闲的理想之地。

在童话风格的村庄背后,是一位建筑师梦想成真的故事:英国建筑师克拉夫·威廉·埃利斯(Clough Williams-Ellis)早年曾到意大利旅行,那里的建筑深深触动了他,并激发他建造一座海边村庄的梦想。1925年,他开始在北威尔士一个无人居住的荒野之地打造他的梦想村庄。克拉夫采用因地制宜的方式,修缮了不少年久失修的老房子,从世界各地运来很多宫殿、雕塑,还从外面捡来不少老建材进行废物利用,同时将建筑融入周边的山林和花园中,打造出人与自然和谐相处的梦幻之境。

这样一处世外桃源般的村庄花费了克拉夫40多年的心血,来到这里的人都会不由自主地爱上村庄里浪漫又美好的气氛。如童话般迷人的波特梅里恩村还成为20世纪60年代风靡全球的电视剧《囚犯》中让人陷入梦魇的伪乌托邦的拍摄地。而堪称建筑奇迹的波特梅里恩村并不是克拉夫唯一的作

品。在他长达94年的人生中，他设计了无数花园和建筑，在1972年，已89岁高龄的克拉夫更是因在"环境保护和建筑设计"中的卓越贡献而获得爵位。

到克拉夫的童话世界去吧，这里每一个角落的用心设计都会让人忍不住感叹一番：整个村庄用色大胆，充满绚烂的地中海风情，克拉夫钟情的意大利风格更是尤为突出，但又是名副其实的"建筑大杂烩"。无论是喷水池广场，还是中间巨大的棋盘和棋子，抑或亭台楼阁中竖着的佛像以及曼妙的小天使，都会让人不禁嘴角上扬。这一理想化的世界，确实充满治愈人心的力量。

在波特梅里恩村里能做的事情特别多，你大可以坐上村里传统的蒸汽火车，去观赏茂密的树林和奇珍怪木，也可以在漂亮的咖啡馆里静静地呆上半天，在夕阳西下时与爱人在海滩沿岸的步道上牵手漫步。要是9月份来到波特梅里恩村，你还会遇上让人耳目一新的摇滚音乐表演。尽情地欣赏音乐家和乐队们在柱廊花园中表演，那份感觉确实独特又幸福。

要是喜欢瓷器，便又多了一个造访波特梅里恩村的理由：波特梅里恩是英国家喻户晓的瓷器品牌，由克拉夫的艺术家女儿苏珊与丈夫合办，村庄里有多家装潢可爱的出售波特梅里恩瓷器的小店，精美的陶瓷充满让人向往的田园色彩，无论自用还是送人都是极好的选择。

No. 17

卡那封城堡，
"威尔士亲王"受封之地

在很多人心里，城堡是如童话故事般的存在，但往往忽略了它们首先作为防御角色的精彩之处。游走在威尔士时，位于其西北部的卡那封城堡（Caernarfon Castle）是你不能错过的一站，它不仅是英格兰国王爱德华一世建造的所有城堡中最漂亮的一座，也是欧洲中世纪最大的城堡之一，是中世纪城堡建筑的光辉典范，其在防御方面的先进设计更是饶有趣味。

卡那封城堡对于英国王室来说有着不同寻常的意义。1283年，英王爱德华一世完成建造卡那封城堡，用于宣示对反叛的威尔士人的统治，他还让第一个儿子出生在卡那封，以合理化他对威尔士的主权。这个儿子后来获得"威尔士亲王"的头衔。

今天的卡那封城堡之所以闻名世界，也正是因为这里是威尔士亲王的受封地。爱德华一世定下了一个重要的传统，在王室出生的第一个王子都会被授予"威尔士亲王"。1969年，伊丽莎白女王正是在卡那封城堡为查尔斯王子举行受封仪式，城堡草坪中央的圆形平台，正是当年的受封之处，游人能在城堡内看到反映当时受封盛况的照片。正因为如此，卡那封也被称为威尔士亲王的"加冕之城"。

　　不过卡那封城堡的亮点更多体现在规模宏大的防御工事。1283年前，卡那封镇内矗立的城堡为土岗—城郭式，爱德华一世花重金将其转变成坚固无比的石结构城堡，从安格尔西岛通过水路运来数万吨坚固的石灰岩，打造成当时英国独一无二的护墙。爱德华从32个英格兰郡县挑来2000多位当时最出色的石匠、采石工、装配工、木匠等，用当时最先进的办法打造出雄心勃勃的防御体系。卡那封城堡是如此精巧坚固，那陡峭的砖石崖壁形成令人生畏的屏障，让敌人胆战心惊。

城堡内的细节同样值得深究。其中著名的"卡那封拱"就是当时的杰出创造。切割精致的哥特式拱门固然漂亮科学，但如果数百个窗户都采用哥特式拱门，便没有足够的时间建造完成。建造卡那封的工匠们想出了聪明绝顶的替代方案，在门洞上打造磨圆的石肩，支撑起顶上的水平过梁，这种省时科学的方法迅速应用到城堡内许多走廊的门道上，成为卡那封城堡的一大特色。

城堡上无处不在的窗孔体现了中世纪射箭孔设计上的重大创新，从外面看是一个狭窄的窗洞，从里面看却有三个，能满足三位弓箭手在同一个狭缝中同时射箭以形成交叉火力，怪不得人们把这种设计比喻成"中世纪的机关枪"。

卡那封城堡共有13座塔楼，有的用于从基岩里汲取井水，有的用于储存并加工粮食，有的则是金库，更多的是用作瞭望塔。最值得攀登的是城堡内最著名的鹰塔，600年来，鹰塔没有一块石头被替换过，充分展现了城堡的建造质量。塔楼上雕刻着鹰与人头的形象，象征着王室卫戍部队的实力，起到恫吓敌人的作用。更关键的是，鹰塔是城堡的制高点，一层层登上古堡的鹰塔后，可以360度无死角地欣赏卡那封古城，还可以将远处风景如画的海湾一览无余！

英国曾经差点失去这座宏伟的卡那封城堡：因为其曾作为君主的象征，当年内战结束后不久，议会曾下令拆除，但因为其过分出色的建造质量及其庞大的规模，使得拆除工作困难且工期遥遥无期，拆除工作最终放弃。直到今天，700多岁的卡那封城堡依然令人生畏，它曾是一位强悍国王的丰碑，而到如今，城堡四周飘扬着威尔士的标志——红龙旗，仿佛透露这座过去的皇家城堡，早已成为卡那封镇的一部分，也早已融入到威尔士的记忆当中，成为其无法抹去的标志所在。

北爱尔兰篇

仙境中的魔幻"黑暗树篱"

No. 18

大概不少人会把心目中的第一美剧献给《权力的游戏》,这一部中世纪史诗奇幻题材的电视剧,集合了黑暗、古怪又奢华的特性,以绝高的姿态成为魔幻影视界不可逾越的高峰,而剧中出现过的拍摄地点,更是成为权游迷们心心念念想要一探真容的美好念想。

在众多拍摄场地当中,北爱尔兰无疑是具有代表性的,《权力的游戏》前几季中几个经典的场景都是在北爱尔兰取景,使得原本默默无闻的小众景观因电视剧的热播吸引全世界的目光。位于阿莫伊村附近,距离"巨人之路"不到20分钟车程的黑暗树篱(The Dark Hedges)就是其中一个极好的例子。实际上它早被誉为"世界十大最美隧道之一",但这一名号似乎还是不及它作为《权力的游戏》拍摄地来得响亮。

在《权力的游戏》第二季第一集里,艾德·史塔克被斩首后,他的次女艾丽亚伪装成男孩与劳勃·拜拉席恩的私生子一起逃出君临城,开始自己的流

亡生活，他们经过的那段路叫"国王大道"，而大道上最让剧迷印象深刻的非那一百多棵枝桠纠缠以搭成魔幻之境的山毛榉莫属，它在现实中就是著名的黑暗树篱。

布雷加赫路位于阿莫伊以西2.5公里，是一条总长约4公里的乡间小路，曾入选"世界最美的道路"。而"黑暗树篱"位于它的最北段，虽只有百米，却留给人们无限遐想。那150棵形成鬼魅妖艳之景的山毛榉，据说最早是在1775年一位叫詹姆士·斯图亚特的富人种下的，这位颇有心思的主人希望能打造一处风景如画的道路，给来访的宾客留下深刻的印象。

"黑暗树篱"光是名字就透露着邪气和说不尽的神秘感，勾起人们的探索欲望。除了作为剧中的"国王之道"而为人津津乐道，现实中的黑暗树篱还真

有不少离奇的恐怖故事，而最出名的大概还是要数"The Grey Lady"（灰夫人），其中一个版本说她是一位在豪宅意外身亡的女仆，另一版本说她是男主人詹姆士的女儿的灵魂，不管是哪一个版本，都提到这位"Grey Lady"爱在黑暗树篱的树间游荡。要是亲临黑暗树篱的时候正好是暮色苍茫之际，弯曲的树枝愈发阴森离奇，再配合树丛间呼啸而过的大风，真的会禁不住背背发凉！

　　黑暗树篱在不同时间与季节会呈现截然不同的状态。要是真想体会剧中"国王大道"之景，就不能选择旺季前往，不然人声鼎沸，一定会破坏你想好好拍照的兴致。要是不愿早起避开游人，可以先到附近的巴利莫尼（Ballymoney）小镇转转，约摸着人少的时候才去往黑暗树篱。黄昏时分的黑暗树篱最为迷人神秘，光与影会创造出缥缈幽远的景象，仿佛行走在通往另一空间的时空隧道。两旁是暮色中的北爱乡村，黄绿相间，风景开阔，别有一番韵味。阳光下的黑暗树篱则更浪漫清新，氤氲着童话般的温柔气氛。想要拍好黑暗树篱还需要花心思找好角度，记得带上长焦镜头，你会得到意想不到的大片效果。

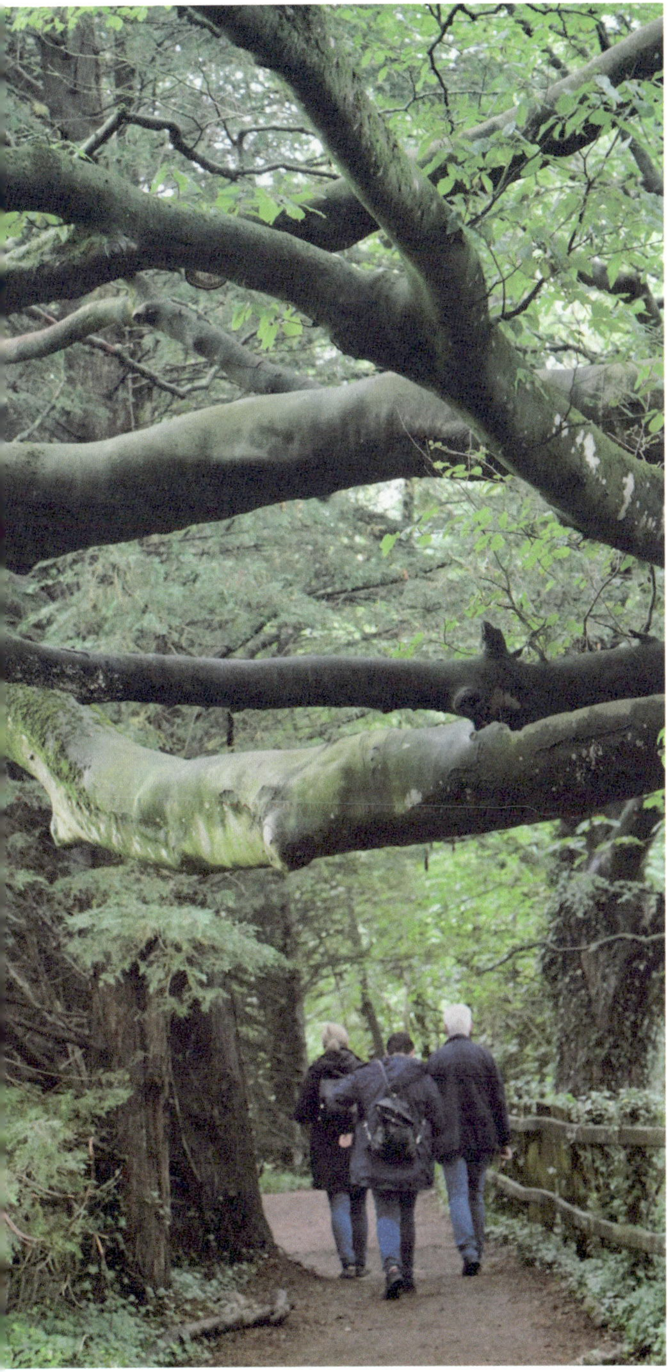

巨人之路,震撼人心

No.19

　　要说北爱尔兰最奇妙又怪异的景致,莫过于位于贝尔法斯特西北约80公里的巨人之路(Giant's Causeway)。试想在浩瀚的大西洋海岸,4万多根大小不一的玄武石柱聚集成一条绵延几公里的堤道,巨浪拍打在这道天然的阶梯上,气势磅礴,蔚为壮观,那架势实在足以让人有点心跳加速。

等到亲临此地，你大概会一下子明白为何先人会把这处无与伦比的景致命名为"巨人之路"，它是如此密集有规律，整齐得犹如特别铺设的地砖，要不是某位巨人的鬼斧神工，又怎么可能诞生如此规则且紧密堆积的六角形石柱呢？震撼人心的奇观总会伴随着神话传说，巨人之路也不例外，它的形成就跟两个巨人的故事有关。

　　传说在很久以前，有一位爱尔兰巨人叫麦克库尔，他武功高强且力大无穷，正愁着没有对手呢，听说苏格兰巨人贝南多纳也十分厉害，于是就想去到隔海相望的苏格兰跟他较量一番。但怎么才能过去呢？麦克库尔于是修了一道堤道，把一个又一个岩柱插到海底，造成一道去往苏格兰的通道。完工后的麦克库尔累得精疲力尽，直接倒下呼呼大睡。没想到这一睡可就遇到麻烦，原来苏格兰巨人贝南多纳也听说了决斗的事情，打算先过来探探爱尔兰巨人的底细。这时他看到了正在大睡的麦克库尔，那硕大的身躯着实把他吓了一跳。这时候，麦克库尔那位聪明的妻子趁机告诉他这是巨人的小孩，贝南多纳一听更是吓得不轻："小孩都这么大，那他爸爸

就更不得了了！"于是连忙逃回苏格兰。由于担心麦克库尔追上来，贝南多纳干脆把通往苏格兰的堤道拆毁了，只留下北爱尔兰这边数百米堤道，也就是现在的"巨人之路"。

300多年来，地质学家研究其构造，了解到约5000万至6000万年前，由于北大西洋板块脱离欧洲大陆造成了剧烈的地壳运动，从而导致火山喷发，当时北爱尔兰东部火山十分活跃，一股股玄武岩熔岩从地壳的裂隙中涌出，随着熔岩冷却收缩，结晶后留下这些规

则的呈六边形的石柱。经过多年不断的海浪冲蚀，石柱群在不同高度被截断，才呈现出参差不齐的石柱林。

要是想了解更多巨人之路的形成原因，不妨去参观巨人之路游客中心。这一坐落在丘陵上的游客中心看起来又酷又环保，采用186根当地石材支撑主建筑，科技感与艺术感十足，更是与巨人之路那4万多根玄武岩石柱有着呼应之妙。这里提供关于当地地貌的详细讲解，并为游客提供便捷的参观指南。餐厅与商店服务完善，是休闲又涨知识的好去处。

作为北爱尔兰唯一一处世界自然遗产，巨人之路总是人满为患，如果可以的话，尽量避开周末，或是在淡季旅客较少时前来欣赏。拍摄巨人之路最好的时间是在日出日落，尤其是在黄昏时刻，站在某一块玄武石柱上，看着被潮水打湿的六棱石面上映着淡红色的落日，闪亮得耀眼而富有情调，此情此景，一定会给你留下终生难忘的印象。

体验卡里克空中索桥，跨越6000万年的火山口

No. 20

在北爱尔兰旅行，要是想寻找刺激，不妨去体验勇敢者的游戏！试想行走于万丈深渊之上，跨越6000万年的火山口，俯瞰脚下惊涛拍岸的雄奇景观，该是何等惊险好玩！卡里克索桥（Carrick-A-Rede Rope Bridge）作为除巨人之路外另一处不可错过的经典之地，一定会正对探险者的胃口。

看过卡里克空中索桥后，你大概会明白《权力的游戏》为何会选择这里作为动人心魄的拍摄场地。这条宽1米，长20米的索桥将北爱尔兰岛与对面的卡里克岛连接起来，仅用绳索串联的方式在海水之上30米处随风摇曳，怎么看都让人有点心里发怵。虽然横跨这座桥十分安全，不过恐高者确实需要掂量三分。要是过桥的时候迎来一阵风，走起来会晃悠不已，这种在悬崖吊桥上"荡秋千"的感觉还真有点让人胆战心惊。不过要是风太大索桥会关闭，出行前记得查好开放信息。

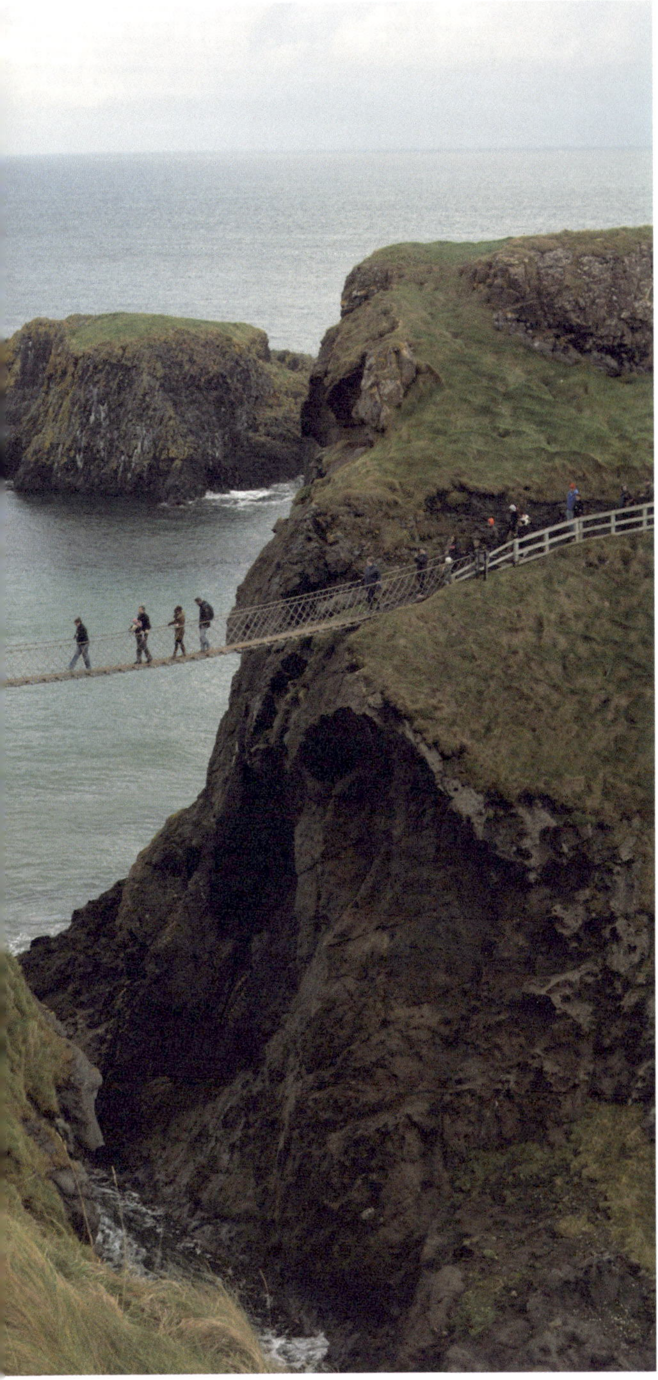

卡里克索桥所在地在好几个世纪以来都是三文鱼的渔场。最开始是为了便于当地的渔夫到小岛上捕获洄游的三文鱼，不过随着产量的降低，现在这座索桥有了新的角色，成为无数游人趋之若鹜的世界闻名的景观。索桥每次最多只能上8个人，走到卡里克岛后，不妨坐下来好好感受那种吹着海风欣赏天涯海角的高远舒适感。拍摄时记得注意好时间，由于慕名而来的人很多，来回索桥要排挺长的队，要是能早点赶来，独享眼前景观，那份感觉自是更妙不可言。

不妨把巨人之路与卡里克空中索桥放在同一天行程

中，要是不采取自驾的方式，可以从巨人之路乘坐去往索桥的172路公交车，两个小时后便会到达索桥。从车站沿着悬崖小道到索桥大概需要步行20多分钟。到达索桥后千万别打退堂鼓，不然便会错过只有身置索桥时才会欣赏到的绝棒景色。站在仅容一人通过的索桥中央，周围是狂野且一望无垠的北爱风光，在蓝天碧海之中，海鸥飞翔在崖边，脚下是惊涛拍岸的壮丽画面，要是遇到花期，漫山遍野的鲜花开放，一切都是对征服者最好的馈赠。

欣赏索桥及周围景观的同时别忘了观察一下地下那个巨大的洞穴，据说是过去的造船人用来躲避暴风雨的天然屏障，会让人脑补一幅渔人与暴风雨抗争的无畏之景。

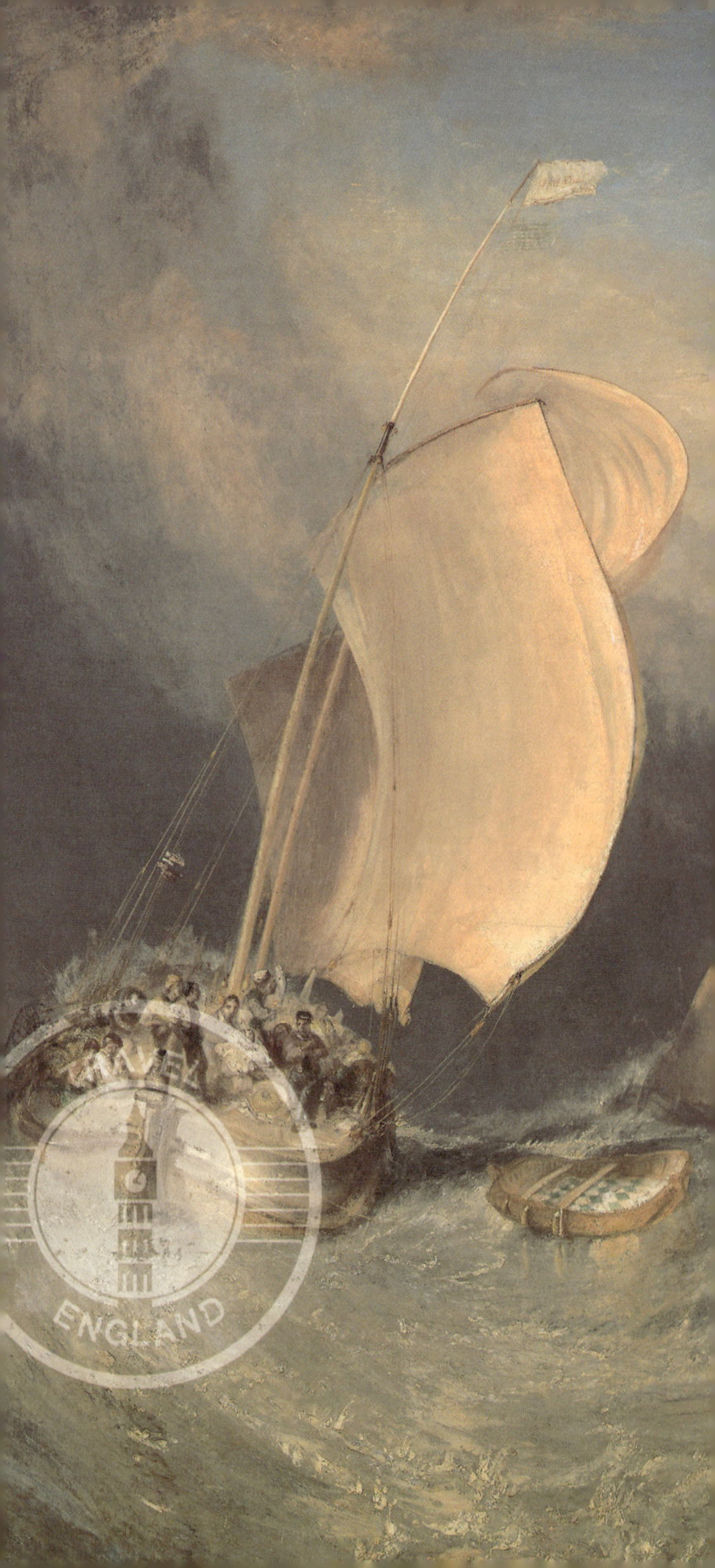

资讯。
微焦镜

美食记

绅士的食单：黑暗料理？
NO NO!
这里从来都不是美食荒漠

说起英国菜，大概有不少人是拒绝的，认为那是"黑暗料理"和"美食荒漠"的代名词，但其实多为刻板印象。尤其自2005年美食界权威杂志《美食家》将伦敦评为"全球最佳美食城市"，在英国寻觅美食变得越来越容易，难得来到英国，品尝一下地道的英国菜不失为一种美好的尝试。

英国传统名菜

英式早餐（Full English Breakfast）：很少有哪个国家的早餐发展成为一种国际潮流和时尚，英式早餐做到了。传统的英式早餐主要有烤面包片、番茄焗豆子、培根、番茄、炒鸡蛋、蘑菇和香肠等，苏格兰一般会用燕麦饼取代烤面包片，威尔士则会用莱佛面包，总之内容丰富得超出想象，要是入住酒店或民宿，很大机率会碰上"英式早餐"。

炸鱼薯条（Fish and Chips）：名副其实的英国国菜，最流行的外卖食品，承包了英国人的早中晚餐外加零食。这一道传统名菜一般将鳕鱼两面裹粉后煎炸，再配上比美式薯条要粗好几倍的英式薯条，以及特制的豌豆糊或番茄酱，第一次尝试简直是人间美味。不过英国各地炸鱼薯条味道差别很大，分享一个小心得，一般临海城镇的这道美食会做得尤为出色，而最地道的吃法，也确实是一边享用用纸包裹的炸鱼薯条，一边欣赏海滨美景。

约克郡布丁（Yorkshire Pudding）：别以为约克郡布丁是甜食，实际上它是内软外脆略带香咸的万能配角。聪明的英国人常用它来搭配油腻的烤肉，使它能充分吸收肉汁，味道可口有趣。大部分英式酒吧和餐厅在周日都会提供一道有名的英国传统美食——周日烤肉（Sunday Roast），烤羊肉或烤牛肉搭配约克郡布丁，以及特制的汤汁，这一组合还经常出现在英国人的圣诞大餐中。

威灵顿牛排（Beef Wellington）：这一名字来源于1815年在滑铁卢战役中战胜拿破仑的威灵顿公爵。除去这个故事，这道菜本身也有骄傲的资本：在腓力牛排的表面抹上鹅肝酱或鸭肝酱，再包裹酥皮烤制而成，咸香酥皮和柔嫩牛肉的搭配美妙至极，十分考验厨师对火候的控制能力。

康沃尔馅饼（Cornwall Pastry）：在英国，"Pastry"是酥皮食品的总称，而康沃尔馅饼因口感独特、做法讲究而备受追捧，在英国街头小吃中有着一席之地。正宗的康沃尔馅饼，馅料用上好的牛肉、土豆块、洋葱、甘蓝制成，圆饼皮对折加馅后，顶部和底部捏在一起，呈"D"形，像个可爱的大饺子。烤好后的康沃尔馅饼呈金黄色，咬上去入口即融，让人难以忘怀。若想尝试正宗的康沃尔馅饼，一定要记得去康沃尔！

哈吉斯（Haggis）：对国人来说，苏格兰的"国菜"哈吉斯大概是需要鼓起勇气才敢尝试的美食。做法是将羊杂、洋葱、燕麦粉和各种调料磨碎搅拌，然后装进羊胃中扎紧，后放入沸水中煮熟至完全鼓胀，一般与土豆泥或萝卜泥搭配食用。对于这种让人"又爱又恨"的食物，评价自然也是两极分化，但确实是苏格兰最受欢迎的传统美食。

农舍派（Cottage Pie）：又称牧羊人派（Shepherd's Pie），这道料理充分体现了英国菜以土豆为主食的特点，在肉馅上铺上厚厚的土豆泥后进行烤制，美味又营养，是英剧中出镜率最高的英国传统美食之一。

伦敦美食地图

Burger & Lobster

推荐语：几乎零差评，连当地人都会来吃的龙虾网红店。清蒸和焗烤的龙虾都值得一试，还能根据个人喜好随意搭配特制酱汁。

推荐菜：龙虾牛肉堡、新加坡香辣龙虾卷、招牌原味龙虾

消费：人均25镑

地址：36-38 Dean St., Soho, London W1D 4PS

Duck & Waffle

推荐语：餐厅位于伦敦老金融城地标Heron Tower的40层，能将伦敦大桥、泰晤士河等伦敦最好的风光尽收眼底。餐厅是为数不多24小时营业的高档餐厅，但要是想预订晚餐时间，得至少提前两周。

推荐菜：鸭腿华夫饼、鸡蛋拌生牛肉、金枪鱼生鱼片

消费：人均30镑

地址：110 Bishopsgate, London EC2N 4AY

Cay Tre

推荐语：要是喜爱正宗的越南菜又不想跑到东伦敦，位于Soho区的Cay Tre是你的最佳选择。舒服的环境，优质的服务，再加上地道的越南美食，难怪Cay Tre的生意总是特别红火。

推荐菜：牛肉河粉、越南米皮春卷、罗望子鸡翅

消费：人均20镑

地址：42-43 Dean St, Soho, London W1D 4PZ

文兴酒家

推荐语：位于中国城的文兴酒家是伦敦的老字号了，门口那个"伦敦第一家猪肚鸡煲"的招牌奠定了它的江湖地位。出品的菜式偏粤菜口味，价格公道，还能一抚你的中国胃。

推荐菜：猪肚鸡煲、文兴三拼

消费：人均30镑

地址：China Town, 11 Gerrard St, London W1D 5PP

Shake Shack

推荐语：风靡纽约的"神级汉堡"，现在又成为伦敦的"人气汉堡"，Shake Shack在众多汉堡店中脱颖而出，大概胜在"新鲜"二字。如果你是素食主义者，推荐他们家的蘑菇堡。

推荐菜：招牌牛肉堡、芝士薯条、奶昔

消费：人均13镑

地址：80 New Oxford Street, London WC1A 1HB

The Breakfast Club

推荐语：要说伦敦最新潮，分量又够足的早餐店，肯定首推The Breakfast Club。灵感来源于80年代美国经典同名电影《早餐俱乐部》，美式怀旧风与英式早餐相搭配，经典又美味的松饼会让你赞不绝口。

推荐菜：草莓蓝莓松饼、传统英式早餐

消费：人均9.5镑

地址：33 D'Arblay St, London W1F 8EU

Kova Patisserie

推荐语：伦敦的日式小清新，属于这家位于Soho区的Kova Patisserie。它拥有伦敦最好吃的抹茶千层，要是想换个口味，还有其他日式甜品如巧克力千层和覆盆子挞供你选择。

推荐甜品：抹茶千层、巧克力千层、草莓蛋糕

消费：人均5镑

地址：Unit 5, 9-12 St Anne's Ct, London W1F 0BB

英国超市寻宝

Marks & Spencer
　　推荐语：Marks & Spencer百货创立于1884年，是英国百货业的龙头老大，你几乎能在里面找到所需的一切东西。玛莎一直致力于为消费者提供物超所值的女装、男装、童装、内衣以及质量出众的食品，不仅有较大的食品销售区域，还出售玛莎自有品牌的茶叶与饼干等，简直撑起英国美食的半壁江山。

　　推荐食品：奶油饼干、巧克力、十字小面包、原味希腊酸奶

Waitrose
　　推荐语：Waitrose的存在简直就是"英国中产阶级风向标"，你看一个区域是否有Waitrose，大概就能判断这个区域的收入水平。作为名副其实的高端连锁超市，虽然商品价格普遍比其他超市要高，但商品质量完全对得

起它的价格，难怪早就得到皇家认证，为王室提供日用品、葡萄酒等。想轻松和王室同款？来Waitrose总没有错。

推荐食品：各类纯正蜂蜜、各色有机果酱、各类水果与水果干、威士忌

Tesco

推荐语：作为英国最大的连锁零售超市，你几乎能在每一个角落找到Tesco。与Waitrose相反，Tesco走的是大众亲民路线，商品非常齐全且价格实惠，深受英国人欢迎，是名副其实的"国民超市"。

推荐食品：BBQ鸡腿、原味薯片、花生曲奇

Greggs:

推荐语：与中国人注重午饭不同，英国人的午饭简直可以用"凑和"来形容。Greggs是一家连锁快餐店，每天都有新鲜出炉的各类面包和品种丰富的各类饮品，注重质量的同时价格亲民，还有给力的Wi-Fi！难怪Greggs会得到英国人的青睐，成为他们的"午餐食堂"。无论你是囊中羞涩还是讲求速战速决，Greggs都是你的不二之选。

推荐食品：鸡肉脆皮派、墨西哥鸡肉馅法棍、原味燕麦粥

伦敦
购物指南

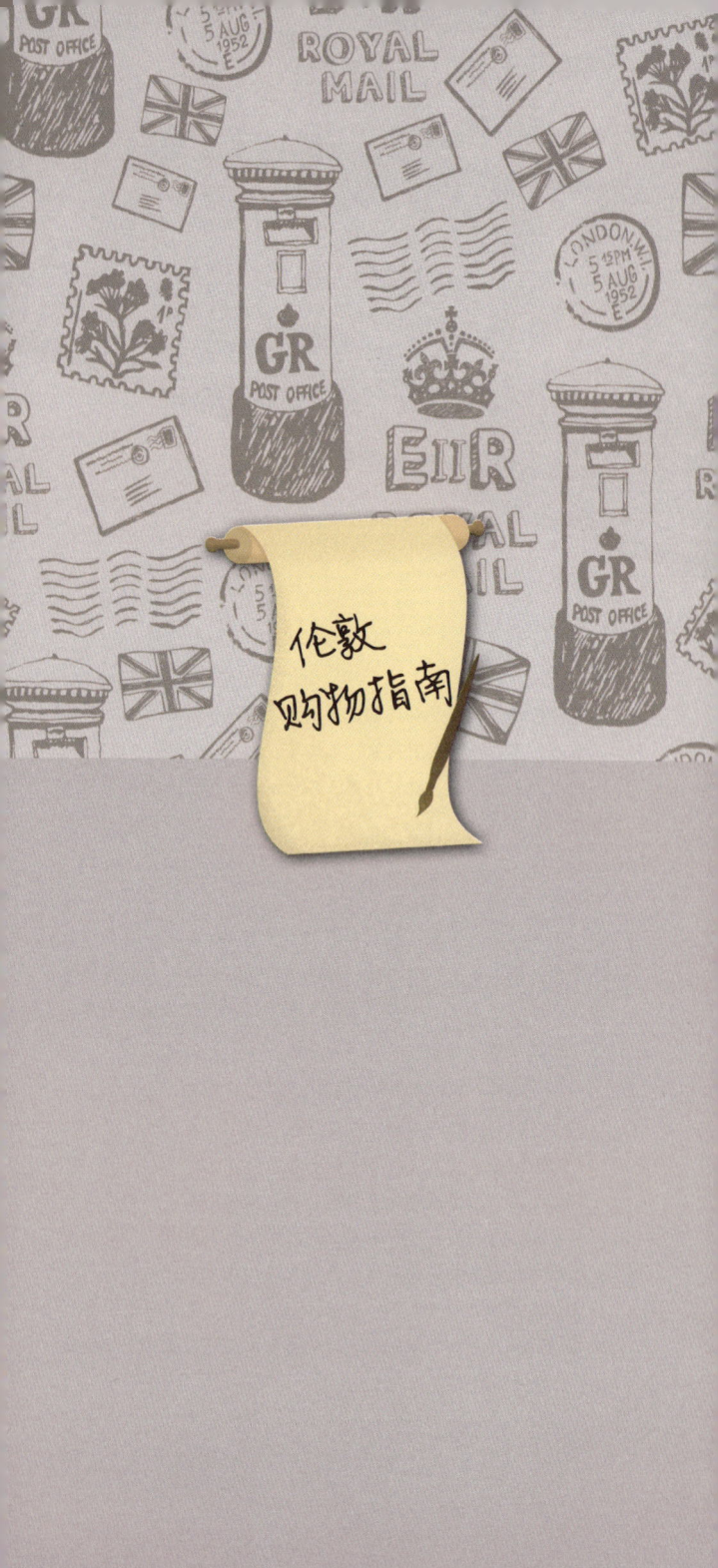

伦敦是名副其实的购物天堂，无论是世界各大品牌，还是独具英国特色的Burberry的围巾、Clarks的鞋子、Wedgwood的骨瓷、Whittard的红茶等，都最有可能在伦敦寻觅到最全的款式和最便宜的价格。

如果我只有一天的购物时间，应该去哪里？

首选位于伦敦威斯敏斯特市内的梅费尔地区（Mayfair）。作为伦敦最中心的一个城区，这里汇聚最精彩的购物点。它的范围西至海德公园（Hyde Park），北至牛津街（Oxford Street），南至皮卡迪利广场（Piccadilly Circus），东至格林公园（Green Park）和摄政街（Regent Street），其中摄政街、牛津街和邦德街（Bond Street）是整个伦敦商场最密集、好货最多的地方，街道上的商店更是完美诠释了伦敦那份温文尔雅又个性十足的气质。

伦敦购物特色一：
迷失在这些百货公司里，
大概是最棒的购物享受了！

哈罗德百货公司（Harrods）

位于伦敦西边骑士桥的哈罗德，是世界上最著名的百货公司，曾被《福布斯》杂志评选为"年度最佳购物目的

地",是伦敦必逛百货之一。哈罗德拥有宫殿般富丽堂皇的装饰风格和独具特色的埃及元素,整座建筑共7层,汇聚齐全的奢侈品品牌,是采购大牌的最佳选择,也是英国购物文化最经典的代表。哪怕对奢侈品牌并不感冒,光是能在哈罗德的餐厅内品尝到世界各地的美食,你也会惊呼不虚此行。

塞尔福里奇百货公司(Selfridges)

塞尔福里奇百货公司所在的牛津街,因是伦敦最重要的购物街而被誉为"欧洲最繁忙的街道",是伦敦数一数二的"血拼圣地"。街道两旁的精美建筑多得让人目不暇接,超过300家世界品牌店云集于此,但塞尔福里奇百货公司还是会让你眼前一亮。与哈罗德相比,塞尔福里奇显得更新派时髦,汇集了不少新锐设计师们的经典作品,喜欢小众设计的你不要错过扫货的机会。

利伯提百货公司(Liberty)

位于摄政街和牛津街之间的利伯提公司是无数购物狂的心头好,其黑白相间的都铎王朝复古式建筑迷人优雅,难怪英国文豪奥斯卡·王尔德也忍不住说:"利伯提百货是那些最具艺术气质的购物者的天堂。"开业于1875年的利伯提百货公司最初因进口东方世界的纺织品、家具和首饰而被称为"东方市场",如今的利伯提则因为复古精品而广受喜爱。无论是建筑本身还是内部陈列都充

满年代感，木质楼梯独具英伦风情，久负盛名的印花布料更是让人欲罢不能。要是喜欢与众不同的商品，或是复古迷，来利伯提是绝佳之选。

福南梅森百货商场（Fortnum&Mason）

福南梅森百货商场是位于皮卡迪利大街上的一家百年老店，从乔治亚时期就开始服务于英国王室，成为御用百货公司，据说还是"女王奶奶最爱的百年老店"，拥有皇室授权书已超过150年，商品质量很有保证。福特纳姆&梅森百货商场最大的特色是他们家的茶，从伯爵茶、阿萨姆茶、安妮女王茶到大吉岭茶应有尽有，除此以外还有咖啡、果酱、蜂蜜、巧克力等。位于百货公司内的餐厅更是享用下午茶的首选。

伦敦特色二：
名声在外的伦敦市集
原来这么好玩！

波特贝罗路市集（Portobello Road Market）

波特贝罗路市集位于伦敦西部，凭借由休·格兰特和茱莉亚·罗伯茨主演的电影《诺丁山》而广为人知。除此以外，这里是古董迷

的天堂，你可以在这里淘到19世纪维多利亚时期的银质餐具、瓷器和陶器，以及引人注目的珠宝首饰。南端的复古店铺让人流连忘返，而北端的食品区则能让你大快朵颐。

卡姆登市集（Camden Market）

要想体验伦敦前卫的街头文化，来卡姆登市集一定不会让你失望。这个以"朋克""耍酷"风潮著称的综合露天集市汇聚了最新奇别致的工艺品，是伦敦最有活力的地方之一。市集由旧时的码头仓库改建而来，哪怕光看不买，走在市集的石砖巷内便已值得回味无穷。每到周末，与你擦肩而过的不少都是把头发染得五颜六色或是耳朵鼻子到处穿洞的时尚潮人，伦敦文化的多元与包容在此展露无遗。

考文特花园（Covent Garden）

论最有英伦风的露天集市，大概会有不少人把票投给考文特花园。考文特花园地处伦敦最繁华的地段，对大多数人来说是最便捷的集市，轻易就能跟其他景点相结合。让考文特花园在众多集市脱颖而出的除了绝佳的位置，汇聚各色美食店、手工艺品店、古董店外，还因为这里是伦敦最大的街头艺人聚集地之一。如果你是果粉，冲着欧洲最大的苹果店，怎么也要来一趟考文特花园！

砖巷市集（Brick Lane Market）

东伦敦最独具特色最热闹的露天市集，肯定是闻名遐迩的砖巷市集。砖巷原来是一条印度餐厅聚集的小街，具有明显的移民文化象征，而夸张的涂鸦墙，更是砖巷里一道亮眼的风景。每到周日，人们自发组织的跳蚤市场总是人声鼎沸，过来闲逛没准还能淘到不少惊喜小物！

博罗市场（Borough Market）

吃货们来到伦敦，一定要看准博罗市场！在伦敦一众出售美食、复古物品、鲜花的市集中，有着"千年美食市集"的博罗市场绝对是必刷的存在。位于伦敦塔附近的博罗市场拥有超过100家独立的店铺，每一个摊位都经过严格的品质测试，不少有名的厨师都爱到博罗市场寻找灵感。博罗市场出售传统英国食物和其他国家的特色美食，绝对能满足各路吃货的挑剔口味，是伦敦名副其实的"最美味"市集！

实用信息

出行清单

◎ 护照：提前查看护照及英国签证有效期限。

◎ 信用卡：英国信用卡的接受程度非常高，购物、租车都会用到信用卡，主要信用卡是维萨卡和万事达卡。银联卡在伦敦的主要大型商场和奢侈品店都可直接使用。

◎ 转换插头：英国标准的插头与欧洲其他地方都不一样，特征是三个直方头。

◎ 驾照：要想玩转整个英伦三岛，自驾是最好的选择，不仅免去搬运行李之苦，还能轻松到达更多地方。注意英国驾驶座在右，行车为靠左行驶。

◎ 手机卡：上网需求较大的话推荐giffgaff卡，价格合理且无限流量，淘宝上有卖，建议提前准备好。

◎ 冲锋衣与雨伞：英国气候冬暖夏凉，适宜旅行的时间很长，但阴雨天气较多，且天气善变，几分钟前风和日丽，几分钟后风雨交加是正常现象，配帽子的冲锋衣特别实用，别忘了出门带上雨伞。

实用App

◎Google Maps：谷歌地图绝对是国外旅行最好用的导航软件了，提前下好离线地图，游走在英国犄角旮旯的地方信号不通的时候也不至于惊慌失措。

◎Google Translate：不管你的英语水平如何，手机上常备翻译软件总不会错。遇到与对方语言不通的情况时，可在app上输入中文，它会自行生成英文。它还有拍照翻译功能，出门在外再也不用担心碰到看不懂的菜单。

◎Citymapper：几度被评为Apple年度最佳出行App，伦敦的公共交通一应俱全，还会显示地铁和巴士的实时抵达信息，非常好用。

◎Booking：作为在线酒店及住宿预订的App，安全性和折扣力度使它从众多住宿App中脱颖而出，且用户评价真实，地图清晰，让人放心。

◎Uber：在伦敦打出租车往往费用高昂，用Uber则会划算得多，而且结账能跟银联卡挂钩，直接扣款，且定位准确，非常省心。

◎TripAdvisor和Yelp：两款非常优秀的点评类App，有了它们，就不用担心找不到性价比高的餐厅和店铺了。

◎Easyjet：英国廉价航空易捷航空公司旗下的App，主打廉价机票，适合不同城市间选择飞机出行的你。

文化小常识

◎汇率：1英镑≈8.55人民币（会随时变动，建议出游前提前查好）。

◎时差：夏令时比中国慢7个小时（3月最后一个星期日到10月最后一个星期日）；冬令时比中国慢8个小时（10月最后一个星期日到次年3月最后一个星期日）。

◎请把"please""thank you"和"sorry"挂在嘴边：英国是绅士国度，特别讲究礼仪，把这些礼貌用语随时挂在嘴边会帮你在旅行中省去不少麻烦。

◎避免的话题和手势：英国人不喜欢谈论政治、男人的工资和女人的年龄，避谈个人私事。日常生活中尽量避免"13"这个数字，手背朝外的"V"型手势是蔑视别人的意思，手背朝内则没问题。

想体验英伦风无奈囊中羞涩?
别错过成为国民信托组织成员的机会!

提起英国国民信托组织,可能很多人会感到陌生。但只要曾去英国旅行,一定会发现:英国的很多景点内,都有一个小橡树的标志,这说明它们属于国民信托组织。

英国国民信托组织(The National Trust)创立于1895年,是一个脱离政府、独立运作的公益组织。19世纪末,工业革命的快速发展对英国的自然景观、历史建筑与文化遗产造成严重影响,实施保护迫在眉睫。这些现象深深刺痛了英国律师罗伯特·亨特、住房改革家区克塔维亚·希尔以及有"湖区卫士"之称的牧师哈德威克·罗恩斯利,三人发挥特长,共同合作,使得国民信托组织成功诞生,这是英国第一个有权为国民利益而接收土地和维护房屋及历史古迹的组织。

经过100多年的发展,国民信托组织通过购置、捐赠、遗赠、契约信托四种方式获得历史文化遗迹、建筑及自然景观,而其高额的修缮与管理费用则主要依靠会员的费用(对比英国动辄十几英镑的景区门票,国民信托组织的会员费确实足够诱惑)以及大量义工的参与,超过48%的英国人曾做过国民信托组织的义工,他们在修缮房屋、宣传、接待等方面起到关键的作用。

"公益保护+向公众开放"已经被国民信托组织证明为有效且多赢的成功模式。国民信托组织不仅在保护英国文化遗产和自然景观中起到先锋作用,还为英国和来自世界各地的人建造连接过去与未来的通道,为所有人提供英国最有价值的"核心文化",促进人们关注历史与自然,保留自身文化中最独特的部分。

如今,国民信托组织拥有英国778英里海岸线,超过24.7万公顷的土地,超过500处老房子、城堡、古酒吧、公园、花园、灯塔、金矿和自然保护区,以及拥有近100万件艺术品。其中不乏被列入联合国教科文组织世界自然和历史文化遗产名单的哈德良长城最经典的地段、湖区乡村景观和埃夫伯里巨石阵这样的明星景观。因为拥有大量历史文化遗产和自然景观,国民信托组织在英国拥有土地已经超过从前英国女王所拥有的,成为英国最大的"地主"和"房主",以及全球规模最大的民间环保组织之一。

对于旅行者而言,国民信托组织最大的功能还是"特别的英国旅游向导"。为了让更多人接触与体验英国文化,国民信托组织通过会员制、杂志、网站、app等各种工具,向人们告知国民信托组织在各地的活动,以吸引大家参与。在英国旅行时,要是想查询所在地都有哪些地方为国民信托组织所有或管理,只需要登陆官网(www.nationaltrust.org.uk)或利用国民信托组织的app即可方便搜索。这些举措不仅能让英国人的节假日变得更充实愉快,也确实为来英国旅行的游人提供最有趣、最有英国特色的景点与活动。在英国,大家都知道,只要跟着这个小橡树的标志,绝对不会错过最富有英国特色的风光、遗迹与建筑。国民信托组织创造性地将旅行与遗产保护联系起来的做法深得人心,难怪有超过一半的英国公民已自愿成为组织会员。

英国国民信托组织2020年年会费

个人类：26岁+（76.8英镑）；18~25岁（38.4英镑）；0~17岁（10英镑）

夫妻类：两位成人（127.2英镑）

家庭类：两位成人+他们17岁以下的孩子或孙子（133.8英镑）；一位成人+他/她17岁以下的孩子或孙子（83.4英镑）

终身会员：1845英镑

会员的优惠待遇：

1.免费参观国民信托组织管理下的300多座历史建筑和200多个花园

2.免费在国民信托组织管理下的停车场停车

3.免费获取"欢迎礼包",其中包括参观指南一本(上面详细介绍国民信托组织管理下的所有地方),可以帮助旅行者计划出行

什么情况适合成为国民信托组织会员?

1.在英国逗留时间较长,有机会去参观更多英国文化和自然景观

2.亲子旅游,国民信托组织经常举办适合亲子参与的活动

3.不喜欢去游客云集的著名景点,钟情于人少的古堡、庄园或自然公园

4.经常选择自驾出行的方式

5.想为英国的文化景观和自然景观出一份力量

在路上

书籍

★ 查尔斯·狄更斯《远大前程》
★ 温斯顿·丘吉尔《英语国家史略》
★ 詹姆斯·本特利《英国最美乡村》
★ 尼尔·麦格雷戈《大英博物馆世界简史》
★ 钱乘旦《英国通史》
★ 柯瑞思《剑桥：大学与小镇800年》
★ 李蕙蓁、谢统胜《不列颠·旅人》
★ 凯特·福克斯《英国人的言行潜规则》
★ 吴宜家《搭地铁玩伦敦》
★ 希拉里·曼特尔《提堂》

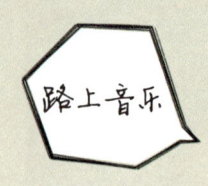

路上音乐

★ Crazy Little Thing Called Love, Queen
★ Radio Ga Ga, Queen
★ Rocket Man, Elton John
★ Castle on the Hill, Ed Sheeran
★ I'm Gonna Be, The Proclaimers
★ Under Pressure, David Bowie/Queen
★ In My Life, The Beatles
★ Day Tripper, The Beatles

苏格兰风笛曲

★ Highland Cathedral
★ The Kilt is My Delight
★ Amazing Grace
★ Brave Heart
★ Down by the Salley Gardens

> 电影、纪录片

★ 《傲慢与偏见》（Pride and Prejudice）：简·奥斯汀的这部杰作翻拍成的影视作品都不让人失望，剧中对英国口语和古语的使用，展现的英国乡村场景，都会让你对英国之行增添期待。

★ 《南方与北方》（North and South）：不少人把它看作"英国工业革命版的傲慢与偏见"，要是对工业革命感兴趣，这部剧可不能错过。

★ 《王牌特工》（Kingsman）：主演科林·费尔斯被誉为"英伦绅士的教科书"，标准的伦敦腔和英式冷幽默更会让剧迷欲罢不能。

★ 《真爱至上》（Love Actually）：温暖的圣诞节氛围、大量伦敦场景以及众多出色的演员会让你感受到英国的魅力。

★ 《勇敢的心》（Braveheart）：苏格兰的历史与文化气质，你都能在这部剧中找到答案。

★ 《一天》（One Day）：卡尔顿山、亚瑟王座、爱丁堡大学，你会在电影中发现一个可爱迷人的爱丁堡。

★ 《英国史》（A History of Britain）：BBC出品，共15集，再现英国文明的成长历程，还原了重大事件的场景，用来了解英国史再合适不过。

★ 《王冠》（The Crown）：讲述伊丽莎白二世如何从小女孩一步步承担起国之重担的故事，同时展现不为人知的英国王室事迹。

★ 《哈利·波特》系列

★ 《神探夏洛克》系列

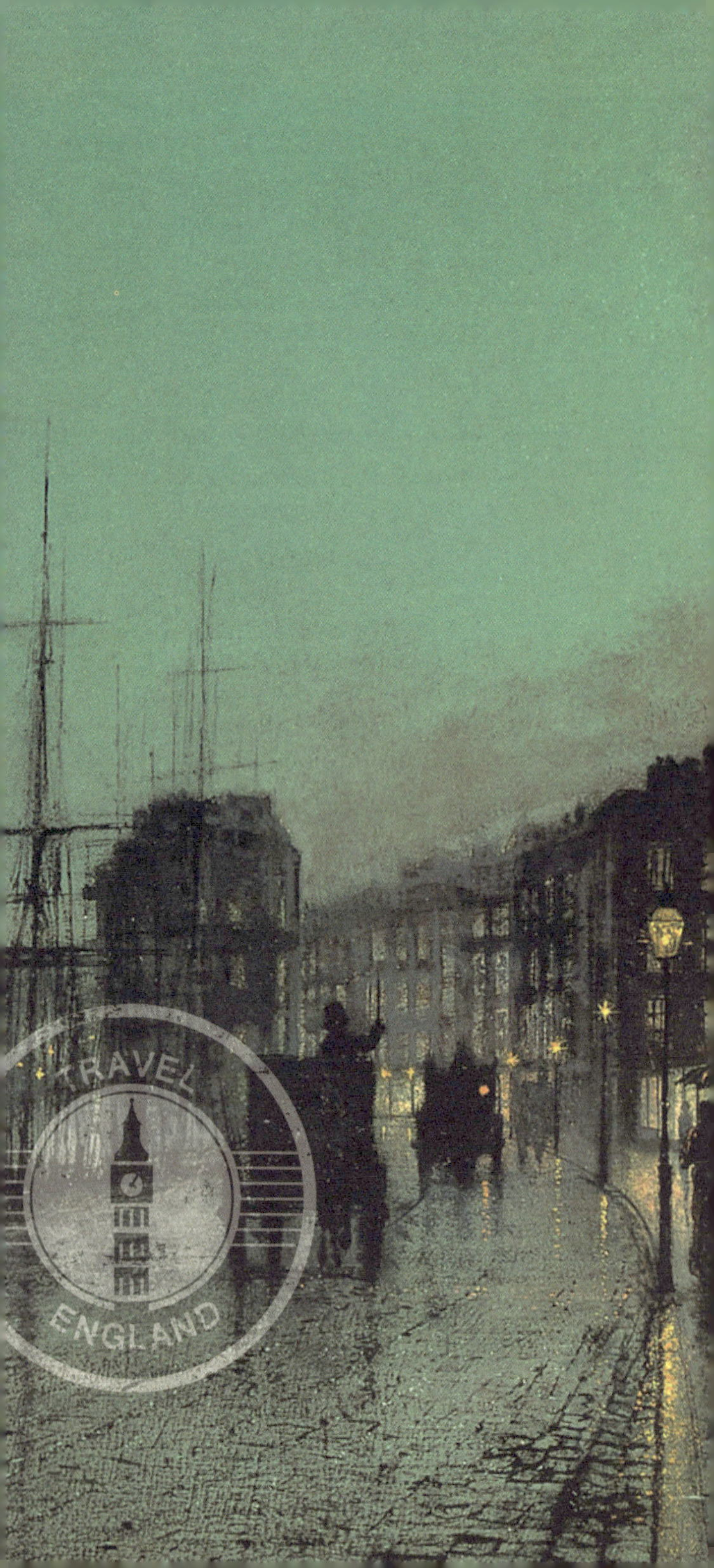
TRAVEL
ENGLAND

城市。
丈量指南

伦敦

英国文学家塞缪尔·约翰逊曾说过:"如果你厌倦了伦敦,你就厌倦了人生,因为生活能给你的一切,伦敦都有。"伦敦的亮点太多,要说其中最突出的诱人之处,肯定要算上为数众多且质量上乘的博物馆。在"博物馆之都"里探寻文化古城的艺术魅力,是每一位旅行者不容错过的绝妙体验。

伦敦的博物馆可谓包罗万象又引人入胜,要是时间有限只能参观一个博物馆,那么大名鼎鼎的大英博物馆(British Museum)便是你的不二之选。作为全世界最顶级的博物馆,它实

在是每一位"伦敦来访者"不可不去的地方。大英博物馆拥有800多万件文物，分成埃及、希腊、罗马、欧洲和中东等众多展馆，其中埃及木乃伊、贝宁铜像、罗塞塔石碑、摩索拉斯王陵、雅典帕特农神庙雕塑、波特兰花瓶、路易斯西洋棋、萨腾胡船葬遗物、林道人和卡斯博瑞公园塔钟更是被不少人定为大英博物馆的"十大必看馆藏珍品"。大英博物馆汇集着太多来自世界各地的精华产物，细细看下来三天三夜都不嫌多。要是时间有限，一定要事先查好感兴趣的展馆，并且利用好博物馆里的地图，将想看的宝贝一网打尽！

伦敦是一座独具艺术气息的城市，自然不缺收藏着杰出艺术作品的博物馆。从达芬奇的《岩间圣母》，到梵高的《向日葵》，再到米开朗基罗的《埋葬》，国家美术馆（National Gallery）里的展品从来都不让来者失望，那些耳熟能详的作品就近在眼前的感觉实在过分美妙！维多利亚和艾伯特博物馆（Victoria and Albert Museum）总能轻易让参观者乐在其中，这一用来纪念维多利亚女王及其丈夫艾伯特的博物馆创立于1852年，至今已收藏了足够多侧重艺术和设计方面的展品，首饰馆、银制品馆、拉斐尔馆总是能成功抓住游人的眼球，精致的各类手工艺品，如家具、珠宝、玻璃制品、纺织服装等则会令人大开眼界，把四层展示大厅逛下来，一定会大大提高你的审美阈值，但愿一层的购物大厅不会掏空你的钱包！

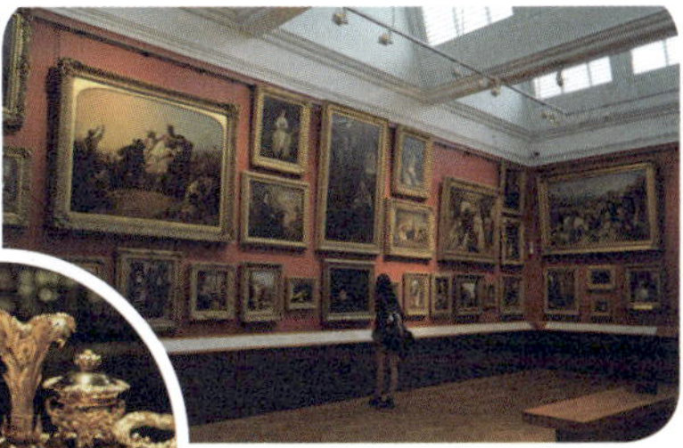

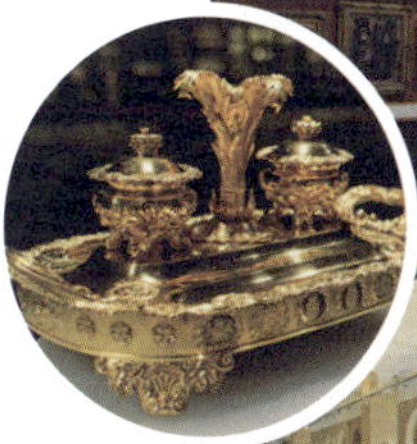

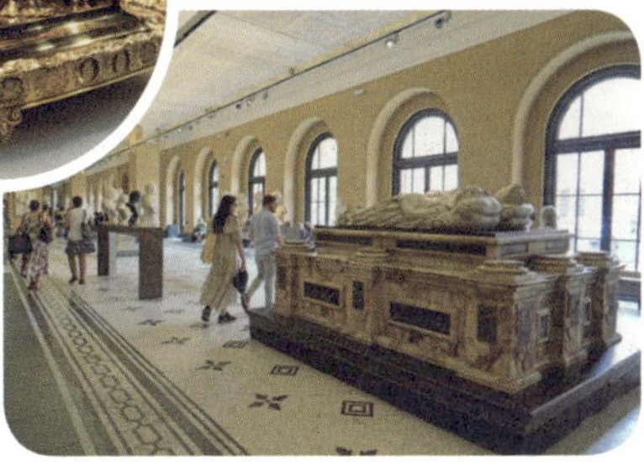

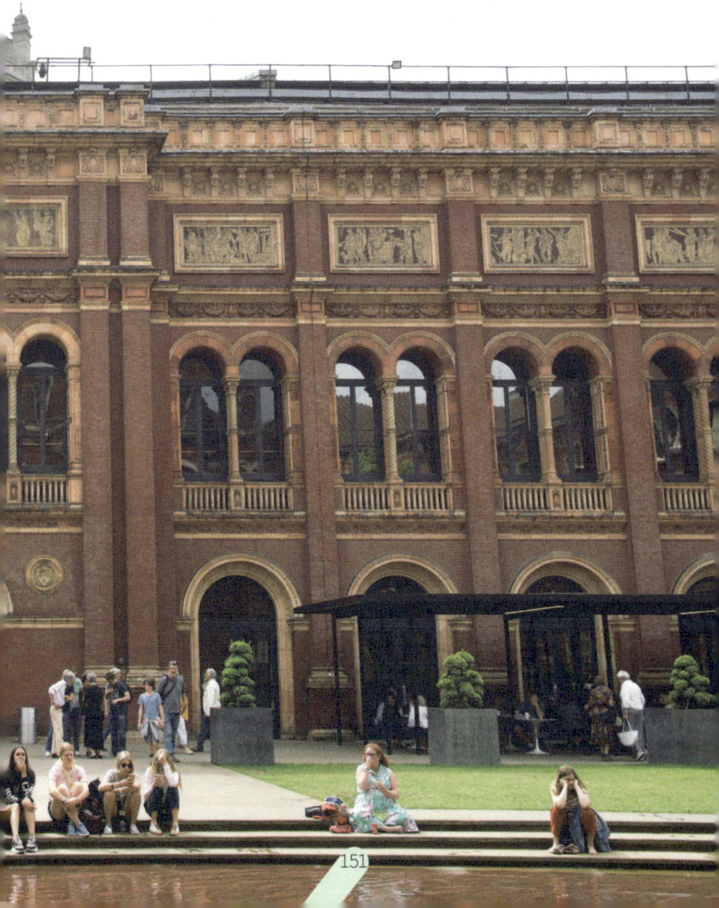

要是担心以上提到的艺术馆因名气太大而人潮涌动，那么华莱士收藏馆（The Wallace Collection）和约翰·索恩爵士博物馆（Sir John Soane's Museum）一定会成为你的心头好。造访华莱士收藏馆会是了解18世纪英国贵族生活的绝佳方式，同时你还能一睹布歇为法国国王路易十五的情人蓬皮杜夫人所作的肖像画，以及弗拉戈纳尔、鲁本斯、哈尔斯等一众著名画家的作品真容，而收藏家第四代赫福特侯爵和他的私生子理查德·华莱士爵士的故事更是被不少人津津乐道。抽点时间去参观约翰·索恩爵士博物馆，你将获得别的博物馆无法给予的新奇体验！作为展厅的四层小楼密集地容纳了约翰·索恩多年的收藏品，而由于展品实在太丰富，设计师甚至特意设计出可变换的壁板。也就是说，名作的后面往往还藏着别的名作！参观时务必让讲解员打开墙壁的木板，这会让你体会到什么是英国最独特的高密度博物馆！在每月初的周二，约翰·索恩爵士博物馆还会举行夜间参观活动，届时所有房间都会点上蜡烛，让你顿感穿越到20世纪。做好排队等候一小时的准备！

说到伦敦那些让人大开眼界的博物馆，自然历史博物馆（Natural History Museum）必须榜上有名！光是展厅中央那巨大的恐龙骨架就会让人忍不住叫出声来，恐龙馆总是最受欢迎的展厅，如果不喜欢人太多的地方，馆内还有矿石、宝石主题的展厅，里面的展品同样能让人心动不已。自然历史博物馆囊括动物、植物、古生物、人类、矿物、地球生态六大方面，不仅是个涨知识的好地方，还是电影《帕丁顿熊》的取景地！

要是对二战历史或对丘吉尔本人感兴趣，那么丘吉尔博物馆（Churchill War Rooms）一定会是英国之旅的意外惊喜。博物馆的门面不大，却是二战中英国政府的地下秘密办公地，里面至今仍陈列着当时使用过的密码机、笔记本、电话及逼真的人物场景，能让你真切地感受到在二战期间，丘吉尔及同僚们在此指挥战争的紧张场景。如果你想多了解著名的"本初子午线"，那么来一趟国家海事博物馆（National Maritime Museum）总不会错，伦敦唯一的天文台便坐落于此。通过参观海事陈列馆、皇家天文台和皇后之屋，能收获不少与船舶相关的知识，领略英国这一海洋帝国的魅力。要是着迷于伦敦地铁或是极具辨识度的双层深红色巴士，伦敦交通博物馆（London Transportation Museum）会是又一个让你大开眼界的博物馆。这里囊括了各个年代的火车车厢、有轨电车、无轨电车、巴士、计程车等，你甚至还能亲自操控机器，在各种声音的配合下，来一场精彩的穿越之旅！

　　伦敦还有不少稀奇古怪的小众博物馆，如帕洛克玩具博物馆（Pollocks Toy Museum）便是一个能让大人追忆青葱岁月的神奇博物馆。这里陈列着从世界各地收集来的18至19世纪让小孩子爱不释手的玩具，如棋盘、玩具熊、木偶、士兵模型等，总有一款能唤起你的童年回忆。

　　夏洛克·福尔摩斯博物馆（Sherlock Holmes Museum）更是所有福尔摩斯粉丝们的打卡地。博物馆就坐落在大有名气的贝克街

221B号。馆内的布置摆设基本复原小说场景，无论是那张大大的安乐椅，还是福尔摩斯的大烟斗和那顶标志性的猎鹿帽，都会让人有种强烈的代入感，难怪会让无数来客发出"我不是在参观一个博物馆，而是上门拜访福尔摩斯先生"的感叹！临走时，别忘了与门卫合影！

伦敦作为名副其实的"博物馆之都"，无论是世界闻名的综合性大型博物馆，还是有趣小众的私人博物馆，都能迅速俘获来者的心。相信哪怕不是博物馆控，也一样能在伦敦找到玩转博物馆的乐趣！

巴斯

ENGLAND

要说英国最具古典美的城市，非巴斯（Bath）莫属。这里有着曲线最优美的建筑和最高贵的街道，简·奥斯汀当年笔下流淌的风景仍然留存，乔治式联排建筑散发着典雅的魅力，再加上那众人皆知的珍贵的罗马浴场，这一切都使巴斯有足够的底气，成为英国唯一列入世界文化遗产的城市。

据说曾有人问罗马皇帝为何每天都要洗一次澡，没想到皇帝无奈地回答："因为我太忙了，实在没法每天洗两次啊！"由此可见罗马人对洗澡沐浴的热衷。坐落于巴斯市中心的古浴场可以追溯回遥远的罗马时期，罗马人最早在这里发现了温泉，发现其既可饮用，又可治病，继而兴建起庞大的浴场，因此不难理解为何巴斯的名字在英文中正是"洗浴"的意思。

如今的罗马古浴场成为巴斯最负盛名的景点，博物馆向人们展示过去辉煌的历史，同时生动地展现了罗古人讲究的"洗澡文化"。通过电子讲解及亲身观察，观众不仅会对罗马人的沐浴方式，例如桑拿房如何加热等巧妙设计有所了解，

还会意识到浴场不仅是罗马人沐浴的地方,还是他们最重要的社交场所,千年前,曾有无数罗马人在这里交流意见、高谈阔论。无论是旧时的城池,还是精美的雕塑,透过那氤氲的水汽营造出的热气腾腾的朦胧感,观众似乎还能寻着古罗马时代的辉煌。

皇家新月楼(Royal Crescent)最能体现巴斯的优雅与高贵。这一气势恢宏的大型古建筑建于1767至1774年之间,由30幢联排楼组成,共144根爱奥尼亚式圆柱。皇家新月楼本质上为公寓楼,但整体排列成罕见的新月弧形,散发着独特魅力,让人过目难忘。要是没有广角镜头,大概会对要拍全整座建筑的想法感到无能为力。

新月楼的一号排屋是个别致的博物馆,里面按照19世纪的装修风格进行布置,那里的工作人员会热心地讲解有关这座古宅的故事。精致的油画、地毯、纺织品,典雅的客厅,温馨可爱的卧室,不仅让你亲身参与到19世纪的场景中,还能让你了解到巴斯是如何一步步变成如今的模样。

如果爱好文学并且是简·奥斯汀的忠实粉丝,就别错过位于盖尔街上的简·奥斯汀纪念馆(Jane Austen Centre),在这里你可以找到与简·奥斯汀相关的几乎所有事物。写出《傲慢与偏见》《曼斯菲尔德庄园》《爱玛》《劝导》等多部世界名著的奥斯汀尽管不是出生于巴斯,却与这座城市有着极深厚的情缘。自从简·奥斯汀于年少时在巴斯度过两个长假后,便无可抑制地喜欢上这座美丽的城市,后来更是随退休的父亲迁居到巴斯生活,耳熟能详的《傲慢与偏见》的灵感来源正是巴斯。在纪念馆内除了能了解她的生平与著作,还能在二楼一个英式风格的茶室中小憩一番。

来巴斯走走,你才能领略傅雷口中的"精致而美丽的城市"该有的样子。巴斯有着自己特殊的节奏,以及无可替代的美好。

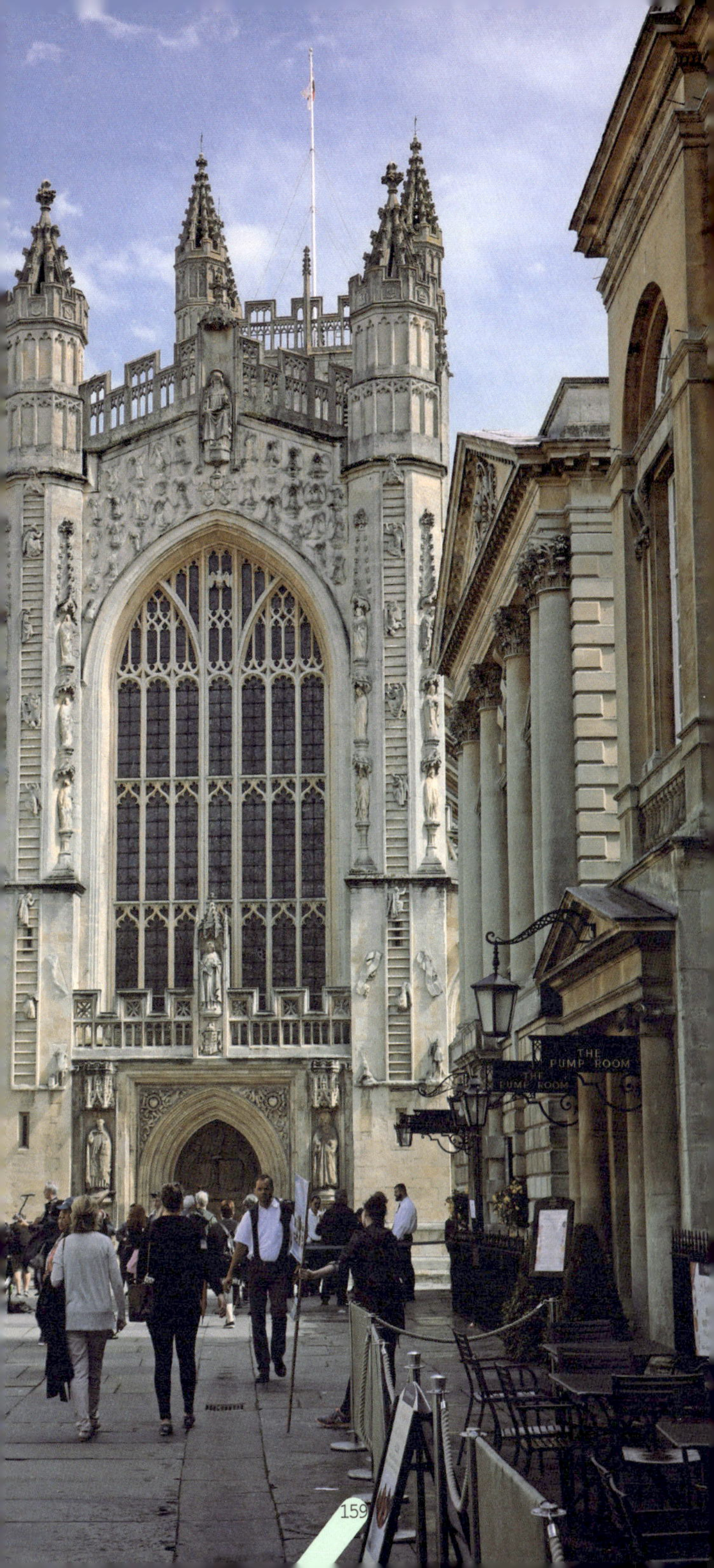
THE
PUMP ROOM
THE
PUMP ROOM

牛津

　　牛津大学最早成立于1167年,是英语世界中最古老的大学。说是参观大学,其实就是参观牛津这座城市,因为牛津大学其中一个与众不同的地方,就在于它不是用围墙围起来的学校,相反,各个学院分散在整个牛津城内,想感受这所大学的文化底蕴,你只需要走上街头,去感受浓郁的学术气息。

　　在牛津,最受欢迎的地方莫过于牛津大学的基督教会学院(Christ Church College)。它之所以备受喜爱,可不是因为它是牛津大学最大的学院以及世界上唯一一所教堂式学院,估计也不是因为近200年从这个学院走出了16位英国首相,而是因为《哈利波特》的开学典礼,其极具特色的霍格沃兹大礼堂,灵感正是来源于基督教会学院的大厅!

参观牛津大学，另一个不能放过的主题就是"图书馆"。牛津大学拥有全英最大型的图书馆系统，包含100所图书馆，馆藏量逾1100万册。馆内藏书只能阅览，不能外借，连王室成员也不例外。

拉德克利夫图书馆是牛津大学出镜率最高的博物馆，其华丽的建筑外形和巴洛克式的圆顶很有辨识度。有趣的

是，拉德克利夫图书馆的英文名为"Radcliffe Camera"，这里的"Camera"非"相机"之意，这座图书馆的出现比照相机的问世还要早，当时"Camera"在拉丁文是"房间"的意思。

要是想俯瞰牛津全景，圣玛丽教堂是最佳选择。这座教堂不仅用于仪式、会议，过去的考试也是在这里进行。教堂内部不算大，登顶塔楼便能欣赏牛津全景，爱拍照的朋友千万别错过。

要是时间充裕，阿什莫林博物馆会给来者带来不少惊喜。这所博物馆被公认为英语世界中第一个成立的大学博物馆，已有300多年的辉煌历史。在这里你可以找到包括达芬奇、米开朗基罗、拉斐尔、伦勃朗等大师们的素描、手稿与版画，同时还有不少来自古埃及、古希腊、美索不达米亚等地的出土文物。同时我们还能在这个博物馆里看到张大千、齐白石等中国艺术家的书画。

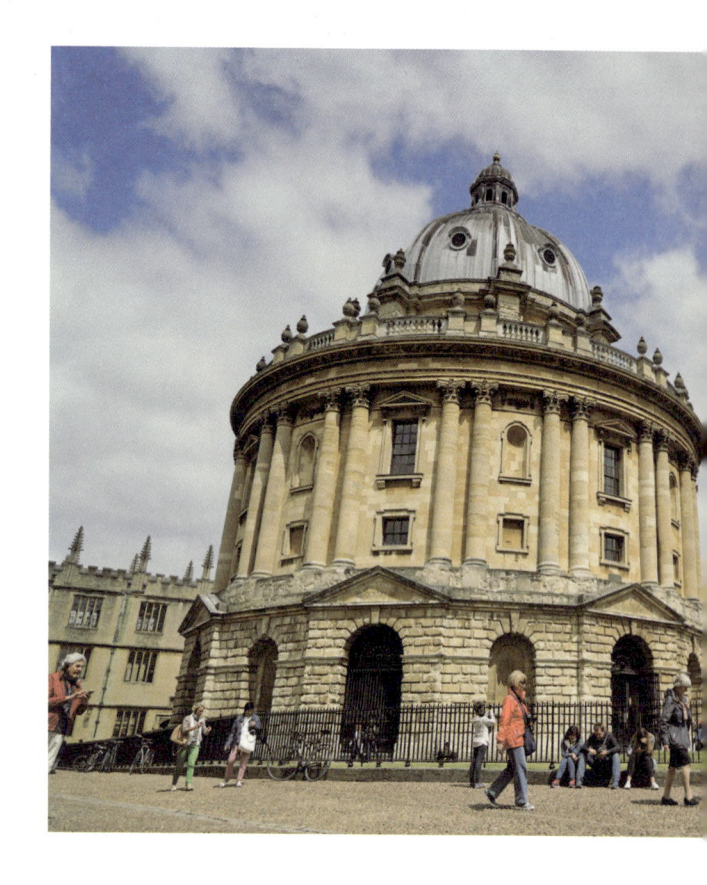

牛津还是爱丽丝的故乡。《爱丽丝梦游仙境》的作者路易斯·卡洛尔就曾在牛津生活学习,并且在这里写出这部吸引无数粉丝的作品。位于基督教会学院斜对面的爱丽丝商店出售款式多样的周边商品,满足大小朋友对仙境的所有幻想。要是7月来牛津,没准还能碰上"爱丽丝之日",来一场美好的爱丽丝梦游仙境之旅!

利物浦

如果只能用两个关键词来代表利物浦，其中一个是"足球"，另一个则是"披头士"（The Beatles，又名"甲壳虫乐队"）。这支享誉世界、堪称奇迹的摇滚乐队，正是在利物浦成长发迹。这里有他们最早工作的酒吧，有专属于他们的博物馆和雕像，还有随处可见的披头士头像涂鸦。如果只有一天的时间呆在利物浦，不妨把它花在追踪披头士的生活痕迹上。

披头士有多知名？这支堪称传奇的乐队存在于20世纪60~70年代，但他们的影响经久不衰。2004年他们被《滚石》杂志选为"历史上最伟大的100位艺术家"第一位。伦敦奥运会开幕式被演唱的歌曲《Hey Jude》就出自披头士，这首写给孩子的歌曲直到今天依然温暖人心；而他们的代表作《Yesterday》，则是世界上被翻唱次数最多的歌曲之一。可以说披头士乐队是迄今英国流行音乐界最伟大最成功的乐队。披头士作为英国文化的名片之一，哪怕不是他们的粉丝，我们也应该去了解关注。

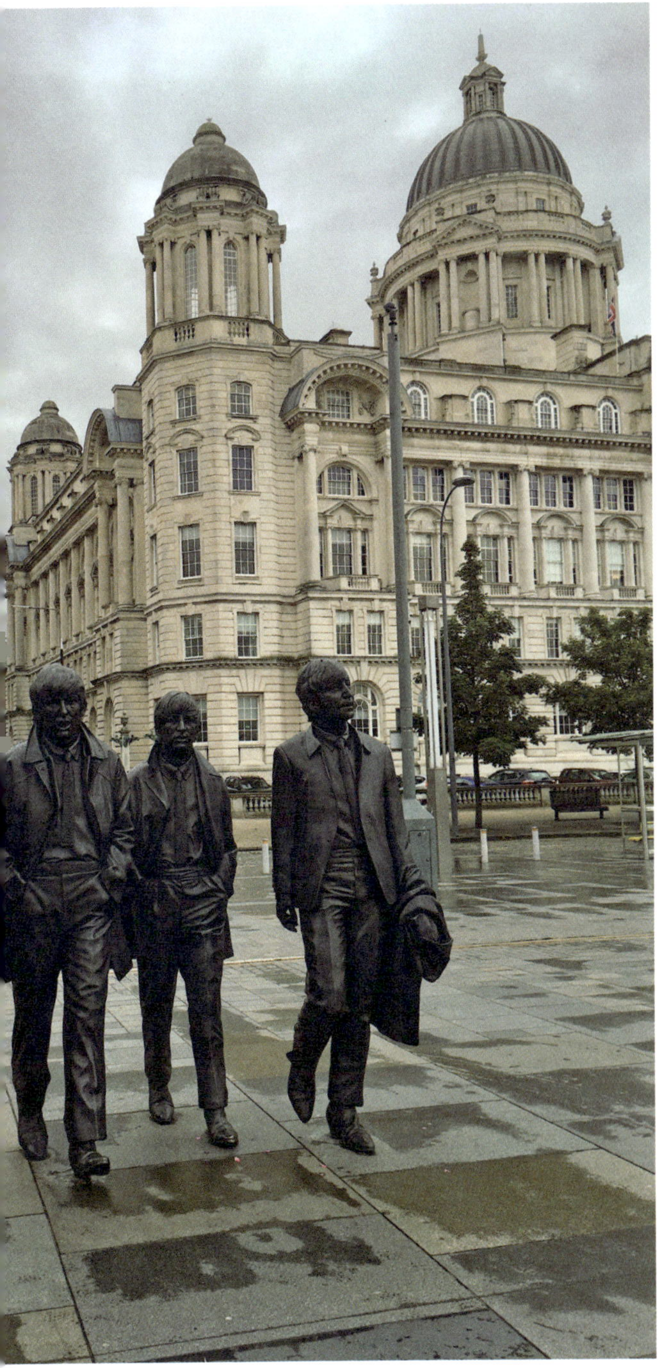

要想在利物浦寻觅披头士的成长轨迹，马修街（Mathew Street）和甲壳虫乐队传奇博物馆（The Beatles Story）是首选。

马修街对于粉丝来说可不仅仅是利物浦的一条街道，还是他们的朝圣之地，这里承载着披头士最初的快乐时光，无数传奇乐章诞生于此。这里有乐队成立初期经常驻唱的洞穴俱乐部，四位成员在里面至少演唱了292场音乐会。直到今天，这个颇有复古迷幻色彩的酒吧还保存着当年乐队使用过的东西。要是晚上寻访洞穴俱乐部，就应该要一杯酒，来一场畅快淋漓的视听盛宴。

漫步马修街，似乎每一处都跟披头士有着千丝万缕的联系。不仅街头的椅子上有对披头士成员的介绍，立在路边的成员雕像也成为来往行人最好的合影对象。当然，街上那间颇有特色的披头士小商店，也正好满足想带点什么回家的你。

甲壳虫乐队传奇博物馆不仅适合粉丝们，也同样适合想了解利物浦文化的游人。博物馆不算大，但五脏俱全，极好地重现了与披头士相关的各个场景。买票后博物馆会提供讲解器，有中文版供选

择，边听着讲解边游走在不同的场景中，可以了解到很多与披头士相关的故事。

如果你是披头士的粉丝，游走在这个博物馆里一定会惊喜得想尖叫！这里收藏着写出传唱不衰的《Hey Jude》和《Let it be》的披头士成员保罗·麦卡特尼用过的吉他；还还原了卡斯巴咖啡馆，是这个地方让乐队成员从"采石工人乐团"成为"甲壳虫乐队"，卡斯巴咖啡馆是支持他们走向世界的坚定后盾，是永远能

带给他们安全感的地方。越往后走，我们仿佛真的走过了披头士的整个成长轨迹。我们看到那时的画报和视频，披头士渐渐成名，他们上了头条，成为全英国最受欢迎的乐队；对披头士的狂热很快从英国传向了全世界，他们是英国人的骄傲，开创了美国人崇拜英国音乐的先河。

披头士著名的歌曲太多，而《Yellow Submarine》大概是不少人的心头好，这首歌为我们描述了一个天马行空的世界，虽非披头士的主流音乐，却有着另类而好玩的迷幻之境。博物馆贴心地再现了黄色潜水艇，当旋律响起，听着那熟悉的歌词时，观众或许会更真切地明白为何披头士能成为世界音乐史上的传奇。

有高峰也总有终曲，在博物馆游览线路的最后，观众会看到约翰·列侬的告别视频、约翰使用过的标志性眼镜，还有约翰与小野洋子的合照。联想到约翰最后被枪杀的结果，不禁让人唏嘘不已。然而披头士的辉煌，尤其是他们在作品中体现出对和平的呼唤和积极乐观的生活态度，从来都不因乐队的解散而被世人淡忘。

博物馆的游览时间大概需要花一到两个小时，出来后就是礼品店，里面有关于披头士的所有周边，听过他们的故事后，你一定会忍不住买上一两件。

想了解英国文化，披头士绝对是不应错过的一部分。而利物浦，也因披头士而满载荣光。

斯特拉特福小镇

在英国历史上,有一位世界级名人,他的出生和逝世的日期是在同一天,巧合的是,他出生和逝世的地方也是同一个地方。

他是英国最杰出的戏剧家和诗人,他的名字叫威廉·莎士比亚。

他出生和逝世的日子都是在4月23日,只不过一个是1564年,另一个是在1616年,这中间的52年,莎士比亚为我们留下了37部戏剧、154首十四行诗和两首长叙事诗,他的作品像养料一般滋养着英国文化的土壤,不仅是英国人的骄傲,也成为了英国文化的象征。

而莎士比亚出生和逝世的地方,是位于距离伦敦西北146公里处的斯特拉特福小镇

(Stratford),这座优雅迷人的小镇不仅是莎士比亚的故乡,也是皇家莎士比亚剧团的诞生地。花一天的时间沉浸在小镇中吧,你会在小镇的不同地方中回顾"英伦之魂"莎翁波澜壮阔的一生。

最不能错过的自然是莎士比亚的故居。老房子位于亨利街北街,已有400多年历史。无须担心找不着,它那木结构的房屋框架、泥土色外墙,以及颇有特色的凸出墙外的窗户,会让你一眼就从众多老房子中认出它来。

在1874年,这座老房子按着史料的记录被重新修建,不仅极好地保留了原先的建筑风格,在正面的墙上还保留了一块几百年前的原始墙面,参观时找到那块被玻璃罩起来的墙面即是。

大多数游客只满足于在故居面前留影,要是时间不紧张,还是更推荐买票参观故居的内部建筑。1564年4月23日,文学巨匠莎士比亚出生在这座楼上,他的童年和青少年时代就是在这里度过的。今天的莎士比亚故居复原了四百年前莎翁在此生活时的模样,一层被辟为起居室和厨房,二楼的主卧室是莎翁出生时的房间,一位打扮得像戏中人物的看守大叔会骄傲地告诉游人,房间所铺的橡木地

板可是400多年前的原物。

怎么才能在莎士比亚的家里看剧？答案就藏在故居的小花园里。花园里有一个露天小剧场，在这里能欣赏到专业演员演绎莎翁的经典作品，不得不说是一个莫大的惊喜。要是碰到莎翁的忠粉点播某段经典情节，这些感情饱满的演员们还真能即兴来上一段！尽管没有灯光和大幕作衬托，但由于演员们实在唱演俱佳，观者还是会忍不住被莎翁的作品感染。

古朴的莎士比亚故居旁边是莎士比亚研究中心，十分适合想要进一步了解莎翁的文学爱好者。斯特拉特福还有一处莎翁花园，里面种植着几十种莎士比亚戏剧中提到的花种，如迷

迷香、玫瑰、勿忘我、紫罗兰等,莎翁的戏迷们漫步于花园中,闻着花香,会一下子就掉进莎翁的作品里。

小镇上随处可见与莎士比亚相关的景致。要是碰上午饭时间,不妨买上一份可口的三明治,坐在莎士比亚纪念公园里欣赏五座栩栩如生的雕像。陈设在公园中央的自然是莎士比亚的雕像,他端坐在纪念柱顶上,微笑着同时眼神坚定地望向前方。围绕在他身旁的是四部代表作的主要人物:《哈姆雷特》中的哈姆雷特,他手持约里克的骷髅陷入沉思,表情凝重;《李尔王》中高举王冠的李尔王;《亨利四世》里破落的骑士福斯塔夫;《麦克白》中身披斗篷,双臂呈交叉状且眉头紧锁的麦克白夫人。

在纪念公园旁,埃文河穿镇而过,岸边就是皇家莎士比亚剧院,远处的圣三一教堂里有莎士比亚的墓地,那里也是他出生后受洗的地方,至今还能看到关于他出生与死亡记录的教区记录簿副本。

埃文的英文是"Avon",这会让人想起某个著名的化妆品品牌,实际上两者确有联系。"雅芳之父"大卫·麦肯尼最早创立了加州香氛公司。1928年,这家公司首次在日常护理产品中使用"Avon"这个名字。而这个名字正是来自莎士比亚故乡的埃文河,表达了创始人麦肯尼对莎翁的仰慕。1939年,这个公司正式更名为"Avon"。

斯特拉特福小镇确实有着非凡的治愈力,它精致、古典又独具文学气息,无论是漫步在古老又狭窄的街道上,参观莎翁故居或花园,在埃文河畔看雪白的天鹅在水中高傲地昂起头部,还是在小镇里寻觅一家英伦风情十足的咖啡馆,享用一杯香浓的咖啡,都会让人的内心变得平静又幸福。

约克

英国国王乔治六世曾说过:"约克的历史,就是英格兰的历史。"这绝对不是夸大其词。在将近2000年的时间里,约克(York)一直是北英格兰的首府,地位相当于今天的伦敦。公元2世纪,罗马皇帝哈德良把这里当成战略基地,4世纪初,君士坦丁大帝在这里宣布登基,后来盎格鲁-撒克逊人接管了这座城市,没想到,9世纪的侵略者维京人又对这个城市带来新的冲击,并为它取了一个名字:约维克(Jorvick)。之后,诺曼人重建了这座城市,为其带来了新的生机。纵观约克的发展脉络,竟跟整个英格兰的发展脉络如出一辙。更难得的是,轰轰烈烈的工业革命并没有抹去约克的特色,它就像一个被时间遗忘的城市,众多独特的古迹点缀在约克的各个角落,想要感受充满英伦风的中世纪街道与建筑,来约克是最合适的选择。

不少人来约克都是奔着肉铺街（The Shambles）而来！选择它的理由不仅是因为它被誉为"英国最美街巷"，也不仅是因为狭窄的鹅卵石走道，一砖一瓦都展现中世纪风情，更重要的是，这里可是《哈利波特》中对角巷的原型，是魔法师们购买各种魔法道具的地方，难怪整条街道都充满魔幻色彩！之所以叫"肉铺街"，还真因为当初这条街道上全是肉铺，而为了避免日照使肉类腐烂，两边房屋的间隔会尽量小，因此也就留下了这条别具一格的两旁尽是歪歪扭扭老房子的古老街道。如今，肉铺街两旁是风格多样的小店，让游客能像《哈利波特》里的魔法师一样在这里淘到不少有意思的好东西！

约克另一个独特的城市魅力，肯定要算上它是欧洲著名的"鬼城"！自古以来，由于多次受外敌侵略，历史上这里发生过无数屠杀事件，也留下不少鬼故事，因此约克也被赋予诡异的气质。要是没参加过让人毛骨悚然的"约克幽灵探寻"（Ghost Hunt of York），肯定不算触摸到约克的精髓！白天的约克确实看起来浪漫又独具中世纪风情，但到了晚上，狭窄的街道则显得格外阴森恐怖，始于肉铺街的"幽灵探寻"由一位身穿黑衣的"鬼向导"带领参与者穿梭于发生过灵异故事的古街，绝对是别的地方感受不到的独特体验！

约克城堡博物馆（York Castle Museum）是另一个值得一探究竟的地方。博物馆本身由监狱改造，分主题展示了16世纪到19世纪的生活，最大的亮点莫过于仿造了19世纪维多利亚街道实景的展馆，生动地展现了当时约克的街景，街道上有银行、面包店、酒吧、裁缝店等，让观众十分有代入感。博物馆的另一部分则展示当年监狱的场景，每走入一间牢房，投影还会自动播放一位犯人的自白。城堡博物馆曾被誉为"英国最佳博物馆"，是来约克时不可错过的博物馆之选。

拥有百年历史的贝蒂茶屋（Bettys Cafe Tea Rooms）会满足你对英国下午茶的一切想象。作为约克人气第一的美食店，无论是茶屋标致性的转角玻璃窗，门外招牌上那充满贵族气息的金色花体字，别致的银制茶具，还是精致养眼的西点，贝蒂茶屋都会为你的约克之旅添上一份关于悠闲时光的美好回忆。要是还没想好英国之旅要在哪里享用你的英国下午茶，选择贝蒂茶屋总不会错。

要是有充足的时间，你大概会有兴趣来一趟位于约克市郊的霍华德城堡（Castle Howard）。霍华德城堡因为周杰伦在此举办婚礼派对而为国人熟知，实际上这所已300

岁的贵族宅邸早就备受电影制作人的青睐，更是著名电影《故园风雨后》多个场景的拍摄地。壁龛内的精美雕像，拱形的窗户搭配痕迹清晰的砖痕，流光溢彩的小礼拜堂，使得霍华德城堡成为英格兰最漂亮的巴洛克老宅。广阔的花园与华美的建筑相得益彰，无论是精心修剪的树木，还是浪漫的玫瑰园和喷泉，都让人有误闯童话世界之感，一圈逛下来，你大概会理解为何周杰伦要把这里选作举办婚礼的场地了。

怀旧古朴的约克见证着英国的历史，这里有令人惊叹的约克大教堂、古老又浪漫的中世纪街道迷宫、独具特色的博物馆与堪称北英格兰最出色的茶屋，相信这些都会为你的英国之旅留下浓墨重彩的一笔。

格拉斯哥

在苏格兰的城市中，位于中部的格拉斯哥（Glasgow）虽然没有爱丁堡"北方雅典"的美誉，却以建筑设计和艺术著称，被誉为"现代苏格兰的灵魂"。

位于市中心的乔治广场（George Square）以英国国王乔治三世的名字命名，为格拉斯哥的标志之一，因布置众多名人雕塑而被不少人形容为"露天的雕塑馆"。在这里，你可以找到工业革命的杰出人物、改良蒸汽机的詹姆斯·瓦特，以及苏格兰人民最喜爱的诗人罗伯特·彭斯等人的雕像。以乔治广场为中心，东面为格拉斯哥市政大厅，北面则是重要的交通枢纽皇后街车站，西面则是皇后街。广场及四周的建筑洋溢着维多利亚时代的气息，十分适合作为体验格拉斯哥的第一站。

堪称格拉斯哥头号名胜的是大名鼎鼎的格拉斯哥大教堂（Glasgow Cathedral），是苏格兰唯一保存其原貌至今的中世纪哥特式教堂。在宗教改革时期，它被幸运存留，不仅是格拉斯哥最古老的建筑，也是苏格兰名副其实的朝圣之地。

哪怕你对现代艺术不感兴趣，也请你花点时间来一趟格拉斯哥现代艺术馆（Glasgow Gallery of Modern Art）。当你来到艺术馆门前，便明白我的用意何在。威灵顿公爵雕像并不罕见，然而立于格拉斯哥现代艺术馆前的威灵顿公爵雕像却赚足眼球，他的头上总是恶作剧般地戴着显眼又滑稽的交通锥筒！一开始，总有好事者在深夜爬上雕像给公爵头顶戴上锥筒，被市政工人摘掉后，第二天公爵又被套上锥筒，几回较量后市政当局最终妥协——那就留着吧！在伦敦奥运会期间，为庆祝苏格在奥运会上取得优异成绩，威灵顿公爵甚至还被换上了镀金的锥筒！

凯文格罗夫艺术博物馆（Kelvingrove Art Gallery and Museum）是英国除大英博物馆外最受欢迎的博物馆之一，展出的内容担得起"博物"二字，观众不仅能看到来自世界各地的自然标本，还有来自古埃及的木乃伊，以及能一睹莫奈、毕加索、马蒂斯等大师的名作。参观时记得找到镇馆之宝——达利的名作《圣约翰的十字架》。每天下午一点钟，博物馆还会有管风琴演奏，别错过这个能在二楼近距离观赏管风琴的机会。

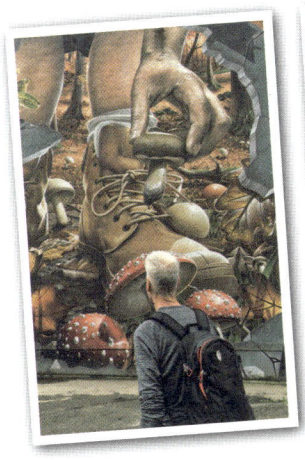

要是为每座城市设计一条主题之旅,最合适格拉斯哥的莫过于探寻麦金托什的痕迹。查尔斯·雷尼·麦金托什(Charles Rennie Mackintosh)是19至20世纪英国最重要的建筑设计师和产品设计师,他出生在格拉斯哥,15岁开始到格拉斯哥艺术学院进修,故而在这座城市留下他特立独行的风格设计。直线与直角相结合是麦金托什最具个人标志的特色,玫瑰装饰则充满典雅浪漫的麦金托什之美,而著名的高背椅更是他的代表作。在今天,来自世界各地喜爱建筑设计的旅行者都爱在格拉斯哥找寻有关他的印迹,从而发现格拉斯哥之美。

1896年,麦金托什为他的母校——格拉斯哥艺术学院(The Glasgow School of Art)设计了一幢楼,集中体现其设计风格。离艺术学院不远的地方有一处柳茶室(The Willow Tea Rooms),为麦金托什与妻子共同完成的杰作,逛累了不妨来此享受下午茶,茶室里摆放着典型的麦金托什高背椅,处处点缀着著名的"麦金托什玫瑰",一切都完好保留了100年前的原貌。

要是时间许可,不妨去一趟灯塔(The Light House),这是麦金托什建于1896年的作品,在塔顶可饱览格拉斯哥的城市风光。麦金托什教堂(The Mackintosh Church)是唯一由麦金托什设计的教堂,那极富装饰性的布置,你一定能找到麦金托什藏在其中的"秘密"。

贝尔法斯特

尽管不少人是冲着巨人之路、黑暗树篱而到北爱尔兰，但藏在北爱首府——贝尔法斯特（Belfast）中的亮点一样不会让来者失望。

想要了解贝尔法斯特的历史与文化，参观位于市中心的市政厅（City Hall）便是一次关于美的享受。市政厅是贝尔法斯特为纪念维多利亚女王在1888年授予其城市身份而建造的，因此大厅正面保存一尊维多利亚女王庄重优雅的雕像。市政厅于1906年竣工，被看作贝尔法斯特在工业革命中取得成功的象征。

要是已经看过不少文艺复兴样式的建筑杰作，市政厅内来自意大利的大理石、广泛运用壁画来装饰的墙壁，以及铺设着红地毯的大厅可能不会引起你多大兴趣；然而市政厅最可爱的地方在于它的亲切和温暖。如果有机会进入议会厅，坐在市长的宝座上，甚至还能试穿市长的官袍！每到一定时间，态度亲切的讲解员会带着大家游览市政厅，看着历任市长的肖像，听着背后的故事，你一定会对贝尔法斯特有新的收获。

有趣的是，贝尔法斯特还与大家熟知的泰坦尼克号有很多关系，它是泰坦尼克号的家乡。19世纪末担任贝尔法斯特市长的威廉·皮尔爵士就是哈兰德与沃尔夫造船厂的董事总经理，鼎鼎大名的泰坦尼克号正是在这一船厂中诞生。市政厅一侧的泰坦尼克号纪念园也值得一去，那里有一座令人深受震撼的纪念碑,上面刻着一千多个泰坦尼克号罹难者的名字。

提到泰坦尼克号,就必须提到贝尔法斯特最受欢迎的观光景点——全世界最大且最正宗的泰坦尼克号博物馆(Titanic Museum)。与散落在世界各地的泰坦尼克号博物馆相比,这个博物馆在规模、设计与收藏品方面都更胜一筹。博物馆就建在当初生产泰坦尼克号的工厂——哈兰德与沃尔夫造船厂的旧址上,泰坦尼克号当年正是在这里设计、建造并下水,其纪念意义不言而喻。

除了其他地方难以匹敌的先天优势,博物馆本身也足够惊喜。光是独特的外部造型就已让人大呼过瘾,整个博物馆被设计成一艘闪闪发光的即将起航的巨轮,与博物馆的主题完美匹配。而馆内丰富的影像资料与藏品更是能充分满足观众"走进真实的泰坦尼克号"的愿望。

最为人称道的是博物馆的互动式设计。博物馆通过3D效果,逼真地还原了当年泰坦尼克号从建造、出船到沉船的每一个时刻,让人唏嘘不已。而声光电的充分展示更是让观众有种仿佛自己就是船客的真实感。除此以外,观众还能看到不少电影中没有充分展示的细节,如当时头等舱的各种用器等。观众甚至还能坐上博物馆内的缆车,全方位地观察泰坦尼克号的船舱底部,对当时这艘世界闻名的远洋客轮有更深入的体会。

观众还能在博物馆内看到当年泰坦尼克号上的服务员与客人的照片,有趣的是,策展人还将照片与电影《泰坦尼克号》的演员一一对应,你会不由得赞叹导演詹姆斯·卡梅隆出色的选角能力,因为演员与他们扮演的角色原型长得实在太像了!

要是想体验当时船上客人的待遇,建议提前预订博物馆5层的下午茶。享用下午茶的地方复原了当时泰坦尼克号船上的景象,尤其是电影中杰克和露丝相约见面的大楼梯,一定会让你再次沉浸在当年奢华的场景当中!

象征冷战时期德国分裂的柏林墙众人皆知,实际上在贝尔法斯特,也有一道见证历史的"和平墙"(Peace Wall),更关键的是,墙上涂鸦所体现的政治性之强十分罕见。自从1921年南爱尔兰从英国独立出来后,教派与政治问题一直困扰着爱尔兰,教派冲突此起彼伏,恐怖事件也接连不断。

这些有六七米高的高墙曾用于隔离天主教徒和新教徒的居住区,这些正是当年冲突最激烈的地方。20世纪末达成的和平协议终于使这里归于平静,人们通过涂鸦的方式表达不同种族、不同信仰的价值观念,以及对和平的祈愿。

见证历史的"和平墙"以及政治壁画和涂鸦如今被完好地保留下来,作为贝尔法斯特一道独具特色的风景线,这些涂鸦作为了解爱尔兰历史、政治与艺术的重要窗口,一定会给你带来新的领悟与感触。

番外旅本
FAR WHERE

FARWHERE 番外
雕刻旅行时光
空 白 手 绘 笔 记 本